引进版新视野心灵拓展系列

U0605069

生命教育：
与孩子一同迎向人生挑战

第二版

拥有什么样的人生才算成功？

如何才能活得好？

如何帮助孩子做好准备，

迎向人生的挑战？

生命本身就是一个大教室。

不只是孩子，也包括我们自己，

都该听听生命怎么说。

〔美〕杰·唐纳·华特士 著

林 莺 译

Education for Life
Preparing Children to Meet
the Challenges

四川大学出版社

责任编辑：蒋姗姗
责任校对：刘　珺
封面设计：米茄设计工作室
责任印制：李　平

图书在版编目（CIP）数据

生命教育 / 华特士著. —2 版. —成都：四川大
学出版社，2012.3
（引进版新视野心灵拓展系列）
ISBN 978−7−5614−5714−6

Ⅰ.①生… Ⅱ.①华… Ⅲ.①生命哲学−通俗读物
Ⅳ.①B083-49

中国版本图书馆 CIP 数据核字（2012）第 037911 号

四川省版权局著作权合同登记图进字 21−2006−048 号

Education for life by J. Donald Walters，published by Crystal Clarity
Publishers，Simplified Chinese edition copyright：Ageco Culture
Development Inc. All rights Reserved.
本书译稿引用自张老师文化事业股份有限公司

书　名　生命教育：与孩子一同迎向人生挑战（第二版）

著　　者　〔美〕华特士
译　　者　林　莺
出　　版　四川大学出版社
地　　址　成都市一环路南一段 24 号（610065）
发　　行　四川大学出版社
书　　号　ISBN 978−7−5614−5714−6
印　　刷　郫县犀浦印刷厂
成品尺寸　170 mm×220 mm
印　　张　12.25
字　　数　116 千字
版　　次　2012 年 3 月第 2 版
印　　次　2012 年 3 月第 1 次印刷
定　　价　20.80 元

◆读者邮购本书，请与本社发行科
　联系。电话：85408408/85401670/
　85408023　邮政编码：610065

◆本社图书如有印装质量问题，请
　寄回出版社调换。

◆网址：http://www.scup.cn

致读者

"教养孩童，使他走当行的道，
就是到老他也不偏离"

——《箴言 22》

　　2005 年 7 月，工作的缘由，我在美国呆了一个月的时间。期间，只要有时间我就徜徉在公共图书馆和书店中，几乎每天都读到好书，兴奋之情难以言表，借着我们在美国洛杉矶成立的教育和文化传播公司，我和 Mrs. Tereas 商量决定要将一些儿童教育、心理学、亲职教育及学前教育方面的畅销书带到中国。在幼儿教育领域工作将近 15 年，每每叹息市场上这方面书籍的缺乏。当我们在美国书市上读到这些书的时候，被它们深深吸引。书是无声的，但我们却仿佛听到了来自天堂最愉快和最美妙的声音，激动之余，我们马上着手安排代理、翻译等等细节的工作。经过一年的努力，今天终于和中国的读者见面了，这一次出版的书共 6 册：《每个学生都能成功》、《生命教育》、《做你儿女的好父母》、《贴心父母》、《孩子你在想什么》、《孩子的心我懂》。

　　我和 Mrs. Teresa 感到非常荣幸，我们有机会、有条件把一些好书带进中国，同时，我们也倡导中国的父母要拿出更多的时间去承认、去尊重、去关注我们的孩子。其实孩子是更令我们着迷的，孩子才是我们生命中真正重要的一部分。《新约》有一句话说道："人若赚得全世界，而失去自己的灵魂，这又有什么用呢？"

"人类真正的感情，最不应该让成见给束缚了。"（卢梭）和孩子一起成长不需要我们故意地给自己加些什么，而是需要我们将阻碍我们的那些东西放置在一边，来享受和孩子一起游戏、一起学习、一起用餐、一起旅行等等乐趣。我们更会发现喜乐愈分享愈多，痛苦愈分担愈少，我们对自己的了解也会越来越多，离和谐平静也越来越近，我们因此能得到最好的财富。

值此这六本书的发行之际，我和 Mrs. Teresa 特别要向李顺长博士致谢，是他给予我们支持，让我们的心中充满了豁然开朗的喜悦。

祝福全中国的父母，能在这一系列图书中受惠无穷，获得全新的启示。

海丽达国际幼教中心　戴薇
二〇〇六年四月十三日

序一

立论正确的好书

　　这是一本立论正确的好书，对于如何培育孩子过成功的人生，具有实用的价值和深远的意义。

　　我们正面对一个崭新的世纪，人类将生活在高科技环境之中，变迁快，挑战亦多。如果不为孩子的未来作准备，教给他们正确的人生态度，以及良好的适应能力，其情绪、生活将受煎熬，心灵也会被空虚吞蚀。

　　华特士（J. Donald Waters）这本书能指导父母和教师，从经验中发展孩子的健康和美德，在生活中孕育孩子美好的心灵，并带领他们不断地学习和成长。

（郑石岩老师，中国台湾地区政治大学教育学系教授）

序二

学习·在生命深处

1997年下半年以来的亚洲金融风暴，吹垮了全球经济，风暴过后满目疮痍。失业率不断飙升，景气预测一次又一次地下降。在经济的寒流下，世纪末的冬天显得特别长。

当政府官员竭尽心力，提出一连串的振兴方案时，以一个"非经济人"的私心，我倒不希望景气早日复苏。因为戳穿泡沫经济的假象，扯去金钱虚伪的面具，正是人们可重新探索、揭露生命本质的难得时机。

其实，金融风暴并不是经济危机的元凶。就像泥石流一样，全世界的公司、企业、厂商之所以哀鸿遍野，应是资本主义过度发展的大反扑。20世纪社会的绚丽，是建立在对货物和服务业的大量消费上的。为了刺激消费，新兴市场兴起，产能超载，世界陷入繁荣的幻境。人们追求感官的享乐，消耗大量的衣饰、食物、饮料、各式器具。整个世界是一个满足人们欲念的填塞物，是一个大地窖，大酒槽；人们永远贪求，永远渴望，却又永远失望。

早在1973年，经济学家舒马赫（E. F. Schumacher）就预言：除非彻底改变我们的生活秩序，否则终会走向经济的灾难；麦杜斯（D. H. Meadows）、梅沙罗维克（M. D. Mesarovic）和裴斯特（E. Pestel）等人更强调，人类若要避免经济上和生态上的祸害，就必须从人内心最深处做改变，也就是从生命的教育着手做起。

对杰·华特士（J. Donald Walters）而言，生命是迈向圆熟的境界。圆熟意味着内在均衡的状态，处于这种状态下，没有任何事物可以摇撼一个人的平静安详，生活不再慌乱，生命不再迷惑。

华特士是国际知名的作家、演说家、作曲家、摄影家，也是冥想和瑜伽的世界大师级人物，他本身就是生命教育的实践者。70 多本著作、300 多首心灵音乐、15 000 多张彩色幻灯片，都扣紧、展现了他人生的理想——借由心灵的启发，迈向生命的圆熟。

1968 年，华特士为了实践其生命教育的理想，在美国加州北部内华达山脚下的丘陵地带，设立了"阿南达村"（Ananda Village），占地 33.4 公顷，成员大约 800 名。社区里，生活就是一种学习，生命就是一种体验，他们都致力于探索蕴涵在生命教育中的原则，并且遵循原则生活。

其中，阿南达学校（Ananda School）是社区生活不可分割的一部分。参与的学生不仅是社区里的 100 多名孩子，还有外面来的学生。在这里，孩子们所学习的是如何生活在这个世界上，而不只是如何找到一份工作、一种职业；他们必须懂得如何明智、快乐而且成功地生活，而不违背自己内在深层的需求；当然，更不会执著于金钱和权力。

资本主义社会大量生活、无限消费和追求最大利润的经济体系，无形中逼迫人们退回"肛门期性格"（anal—character），生活中主要的精力都走向占有和囤积。长久以来，教育一直作为经济的侍臣，服侍经济世界的内在法则，制造出一批批自私、贪婪的工作机器，充满了成功、效率、自由的迷思。交易室里，紧盯屏幕的金融、股市交易员，只信奉金钱的价值。一如索罗斯所说的，金融行为非关道德。渐渐地，人与人、自己和自然越来越疏离了。

如果，我们想要回归人的本质，生命的学习就是返璞归真的途径。

在《生命教育》（Education for Life）一书中，华特士开宗明义地说，教育并不只是训练学生能够谋得职业，或者从事知识上的追求，而是引导人们充分去体悟人生的意义；更重要的，不仅是在学校的年岁，人的一生都是教育的历程。

阿南达学校的老师并不执著于教育上的任何教条，只是想要找到最好的方式，让学校保持有机的发展。生活本身取代了书本成为真正的老师。学生们学习倾听自己、他人与大自然，学习如何真情地思考，更重要的是学习谦卑，让身体、情感、意志力及智能得以全面发展，以面对整体的人生。

华特士不仅是一个梦想家，也是一位实践家，他所有的思想和行动无不抓紧生命的议题。在《艺术是自我实现的幽径》（Art as a Hidden Message：A Guide to Self Realization，1997）一书中，华特士反思艺术的人生性、精神和道德价值，展现生命真正的目的与意义；在《自我痊愈的主张》（Affirmations for Self Healing，1997）一书中，他强调克服外在的困难，首先必须面对自己内在的领域，唯有涤清自己的心灵，才能掌握未来的幸福。

经济萧条，正是让思想沉淀、让生命抖擞的时候。当政府仍然为景气不振喧嚷不休，人们仍然为荷包缩水而心急不已时，华特士的作品就像一溪涓涓的水流，清拭我们尘封的心。

（邱天助，教育学博士，曾任中国台湾师范大学社会教育系副教授兼成人教育研究中心主任）

序三

营造人生桃花源

夜阑人静的星月之晚，和着天籁把读《生命教育》，愈读悸动愈深。也许是因为它与我这些年来的生命哲思太过相近了吧，读来便有"心有戚戚焉"的契合。

诚如作者所言："现代的教育，多了物质、知识的追求，少了精神生活的建构。""多数成人依着传统的期待希望，训练孩子们出人头地、生活无虑，却很少教导他们成为成功的'人'。"这种肺腑之言我也感同身受。

什么是成功？

其实是很难定义的。科学家、律师、医师是成功者，但是一位能使得满园花团锦簇的园艺家，难道不也是成功者？或者我什么都不是，但很有生活情趣、生活品味，把家里布置得宛如生命梦土，人称"生活家"，是不是也堪称成功者？如果这些你都同意，没有高下之分，那么成功便可因人而异。

有位在大学当教授的朋友，有天来家里品茗用膳，我们聊到了人生，他有感而发地说了一串话。他说原本他心目中的成功是读好书、做好事，当个有名望的教授。当这些全实现了之后，他竟发现自己最不会做人，身体不健康，生活没情趣，生命没活力，做事没动力，工作如"狗"，出门上课，入门睡觉。

现在他对成功的界定改了，他说缺乏"快乐"的人，都不算成功者，他希望未来能活得像人。

20岁取得博士学位是成功者，50岁发现台湾地区新品种的昆虫爱好者是否也是成功者？"时间"常在人生中被不经意地遗忘。人们常常以为成功是一种比快的游戏，希望孩子在最短的时间内功成名就。但是欲速却往往不达，因为精华是必须锤炼的，有了阅历，才能沉淀成学问，而沉淀真的需要时间。

在以往的教育里，除了知识的提供外，缺少的正是《生命教育》里提及的"心灵成长"。

时间是魔术师，它可以使兴趣变成专业，使质朴成为精致，让生涩转成熟练，让每一天都充满着希望与可能，我想这才是人生的精华之处，使未来生机盎然。

别忘了，不论毕业于哪所名校，不论在校成绩如何优秀，最后都得面对生活。而你将会慢慢发现，生活里最重要的真的不是学历，因为没有人只拿着光鲜的成绩单，便一口气当上经理的；也不是名利财富，而是如何营造生活品质。同样月薪6万的人，有的活得如牛，有的神清气爽，这全赖于"生命态度"。

永远嫌赚得不够、迷失在人生欲海中的人，赚得再多生活仍然没品质，甚至让辛苦血汗弹指流失，例如到精品店花1000元买一个可能300元便可买到的东西。生活的欢喜、清心、自在，在贪欲中散失无遗，可惜也可悲。

多了这些反省，生命的意义才有望澄澈，人生的价值才可能色彩缤纷。

如果人生是一种营求，你求的是什么？

名望、权势、财富之外，是否有可能添加健康、快乐、自由、时间的自我掌控等等，我称这些集合为"生命元素"。把这些元素打乱重排，你会如何排序，什么是你人生中最重要的？这种排列方式，我叫它"生命顺位"，它透露着你的生命态度。我现在是健康排第一，依序是时间、快乐、自由，名利放在第五位，你是怎么排的？

《生命教育》说的便是这种21世纪的新观点。它试图让人明白，生命只是活着的一种历程，既然活着，就不妨活得好，让身、心、灵兼备的生命态度成为未来教育的新元素。

这样的生命哲学，很难用一篇序说完，它值得你据为己有，将之典藏。

（游乾桂，文字工作者）

梦想与行动的指引

20年来，我担任过各种角色，包括教师、辅导老师、校长、大学讲师以及公立学校教育的顾问。在这期间，我曾经参与改革教育的实验计划，见识到教育理论的兴衰，同时阅读了现今绝大部分有关教育改革的书籍。

在我读过的所有书籍当中，《生命教育》极为出色，它的可贵之处在于：既富原创性，又完全可以实践，令人耳目一新。

《生命教育》扩展了当前学校教育的定义，将教育转化成浑然一体的过程——完美地融合了书本的学习和人生的体验，为父母、教育者以及关心教育的人士提供了有效的技巧。

这本书旨在推荐一套已被验证成功的教育系统。这套系统在传授"基本学科"时会强调其相关性，同时教给孩子生活的艺术。如同华特士所陈述的，这本书更进一步的目标是帮助人们："……将一辈子的人生，而不仅是上学的岁月，视为教育。"

作者提供的独特观点，我相信会带给读者恍然大悟的惊喜。华特士以简单的定义阐释了看来困难的概念，说服力惊人。例如，他对"成熟"这个颇暧昧的字眼下了一个定义："恰如其分地与自身之外的其他现实发生关系的能力。"不成熟则定义为："小小孩赖在地上发脾气，因为无法得到他想要的。"这样的定义真是令人击节称赏，既简单明了，又大有助益。父母和老师可以很容易就从这些定义中找到重点。

关于我喜欢这本书的另一项理由是："言近旨远的同时，读起来非常愉快！"

《生命教育》一书值得梦想家与行动者共同来阅读。即使是梦想家，读完之后都会起而行动！因为这本书为那些认为：教育的意义不该只是事实的获得、不该只是在知性上接触大量未经验证的概念、不该只是为了做好求职准备的人，提供了一个崭新的方向。这本书基于对每一个人内在潜能的深刻洞察，发出改变的强大呼声。这本书告诉我们如何培养每个孩子身上的创造力、智慧与直觉，以及如何引导出他们尚未开发的能力。

李维士与克拉克学院专业学习研究所所长

杰西·卜斯朋博士

Jesse. J. Casbon, ph. D.

写于波特兰奥瑞岗

前　言

　　本书的书名可以从两方面来理解，两种涵义都是我有意赋予的。首先，我企图推荐一套教育系统方式，这套教育系统可以帮助孩子做好准备，迎向人生的挑战，而不光是训练他们求职或获取知识；除此之外，我的另一个企图是，帮助读者明了，不只是学生时代，人的一生都在受教育。

　　如果真如绝大多数人所深信的，人的一生必有其目的与意义，那么这个目的必然是要教会我们不断地去趋近这个意义。因此，学校教育的真正目的，就应该是协助我们做好准备，迎接一辈子的学习。

目　录

第一章

成功是满足心灵的需要

失去了自己的快乐和平静，
又得不到他人诚心的尊敬与善意，
这样换来的，是什么样的"成功"？

你有小孩吗？倘若有，你希望他成为什么样的人？医生？律师？科学家？还是商业巨子？或者，如果是一个以婚姻为毕生志向的女儿，你希望她成为上述哪种人士的妻子？

父母多半希望孩子拥有某些基本优势：财富、好工作以及他人的尊敬。遗憾的是，通常他们的期望也就只有这些，他们重视物质而忽视精神价值。

教育体制的方向则多半取决于父母对孩子的期望。由于绝大多数的父母希望孩子具备物质竞争优势，现代的教育体制也就朝着这个目标发展。鲜有人重视，如何帮助孩子成为一个成功的"人"。

怎样才算成功？

我看过一则消息：一位贫穷的西西里农妇虔敬地下跪亲吻黑手党老大的手背。不是因为他给了她什么甜头，当然也不是因为他的人格有多么崇高。那么，妇人为什么要这样奉承他呢？想必是这位黑手党先生的霸道作为与谋杀背景为他带来了庞大的物质权力。至于那些将如影随形伴他一生的良心谴责又有什么要紧？那是他自己的事。无论如何，对她，或者对许多人来说，这位先生是值得尊敬的，因为他已经获得了世俗的权力。

我们都听过，或者遇到过个性怪异的有钱人，他们多少总是以财富来为他们的"奇行怪癖"辩解的。

然而，这样就算成功了吗？当然不是。尤其是表面的尊敬里夹杂了暗地的憎恶时，就更不能算成功了。失去了自己的快乐和平静，又得不到他人诚心的尊敬与善意，这样换来的，是什么样的"成功"？

成功的意义远比金钱与权力大得多。如果为了获取千万财富，却赔上了生而为人的价值，得到这些金钱又有什么意思？许多人学到这个教训却为时已晚，这辈子已经没有剩下多少时间可以改善自己的处境了。他们可能这时才晓得质疑：为什么一开始会得到错误的鼓励，以致扭曲了价值观？

当然，他们是从小受到鼓励的。从家庭、学校以及同事身上学习到的一切都让他们确信，成功是奠基在看得见、摸得到的事物上，而不是在那些表面看不出什么、一点也不实用的精神收获上的。

这就牵涉到人们到底想从人生中求取什么的问题。人们追求金钱、名望与权力，其实是为了内心的满足与快乐，他们期待通过实际的物质换取满足、愉悦。很显然，人们真正想获取的，不是快乐的象征物，而是快乐本身。

知识与智慧的混淆

那么，为什么学校只教导学生如何在物质上成功，而不教导他们做一个人也要成功？我并不是说了解世俗琐事——如证券、期货或企业管理——是没有用处的，然而，为什么我们的学校，除了这些事实外，不教导学生关注并了解人生的真正需求？例如，如何和别人好好相处？甚至更重要的，如何与自己好好相处？如何健康地生活？如何专注？如何发展自己的潜在能力？如何当一个好员工或好老板？如何找到合适的伴侣？如何拥有和谐的家庭生活？如何维持生活步调的平衡？

很少有数学老师会对学生说明数学定理如何应用在日常生活逻辑及普通常识上；很少有英文老师会教导学生对异国文化保持敬意；很少有自然科学老师会不嫌麻烦地让学生了解如何将课堂上学到的知识运用在日常生活里，以创意解决问题。

事实！给学生事实！这才是响彻云霄的呼声。尽可能将资料塞进学生的脑袋里。如果有幸在毕业之后，脑袋里还残留任何普通常识的话，他会懂得如何运用在学习期间被迫吸收的堆积如山的信息。

这种混淆知识与智慧的倾向，成为绝大多数人往后大半辈子的习惯。从来没有一个时代像现代社会这么爱收集事实、这么不重视单纯应世的智慧：随意的发言必须佐以大量统计数字，并以他人的话印证，才可能获得聆听。正因为我们的社会将教育和智慧等同于知识，并将知识的累积视为一切教育的终极目标，于是我们认识不到人生是一个机会，一场历险；人生是发展潜能，成为一个"人"的机会；人生是发现各种自我未知层面的一场历险。

第二章

教育不能光是纸上谈兵

经过12年或16年的教育后，
学生们对一般事物与人生的了解，
将和真实经验完全脱节，
对自我的了解更是匮乏。

你一定听过这句耳熟能详，却经不起考验的"合理化"借口："为达目的不择手段"。这句话在许多诉讼案中，常被那些自称是"真理信仰者"的人用来为他们的暴行辩护。然而，正如西方谚语所说的："坏树结坏果子"，邪恶的手段必将导致邪恶的结果。

不过，如果我们将格言换成这句："根据目的检验手段"，是否能够成立呢？这样的说法本身是无可置疑的。因为只有从行动的真实后果中，才能看出这项行动是否正当。

人类行为会因为造成的后果而不证自明，或者招致谴责。有人可能为了呼吁和平而走上街头，然而在"和平示威"的过程中，他却是如此的愤怒，以致破坏了每个人——包括他自身——的和平；有些国家可能不认为砍伐森林获取木材会造成什么伤害，但这项举动的后果却是对生态造成严重破坏。从第二个例子可以看出，目的——取得木料作为燃料和建材——显然无法为其使用的手段辩解。另一方面，虽然富尔敦（Fulton）用金属造船遭人嘲笑，但是一旦这艘船下水真的能够浮起来，便足以证明这项发明并不愚蠢了。

理论与实务应并重

行动必须经由后果来检验其正当性。同样的，理论也必须由实际结果来证实。从这里我们可以看出现代教育的一个基本弱点：光是纸上谈兵而不注重实务。教育者很少尝试以真实结果验证各种理论，他们似乎认为任何对理论实际效果的关注，都将背叛真正的学术精神。

这令我想起了一个只受过中学教育的男士。这位先生在采矿工程方面经验丰富，上了年纪以后，他决定重返校园接受正式教育。费了好大一番工夫，他终于说服教育部门，念在他对采矿有多年实际经验的分上，接受他就读。然而，几个月之后，他竟放弃了学业。

"你在搞什么？"校长疾言厉色地询问，"受教育对你那么重要，更何况我们也是大费周折才让你进来就读的。"

"教育！"这位先生嗤之以鼻，"这里的老师所教的，没有一样比得上我自己在实务中所学的。他们从我身上学到的才多呢，还能教我什么？"

上述例子绝非特例，世界上许多伟大的人物——科学家、思想家、老师以及领袖——不是未完成正式教育，就是在学校表现差劲。爱因斯坦的老师认定他这辈子不会有什么出息；爱迪生只勉强接受了三个月正式教育，最后他的老师亲自把他送回家，并附上一张纸条说他"无法教导"——其实就是说他是"笨蛋一个"；歌德则发现在学校正规教育中接受同化没有什么价值，事实上，后来他宣称，没有一所大学的课程能让他保持兴趣。

伟人和那些只会阐述他人生平与成就的学究们，究竟有何不同？答案非常简单："真正的伟人关注于现实，而阐述者则是从关于现实的书本中，找寻知识与信仰。"人类的开路先锋总是抱持着特定的人生目标——通常是关于某种事实的真理——通常是关于某种事物的真理——同时采取能够达到目的的最实际手段，献身完成目标。他们对于暗示着"手段本身就是目的，方法比结果更重要；没有任何结论可以拍板定案，因此应该永远视为假设"的态度颇感无耐。相反，对学院派的学究们而言，理论是如此迷人，以至于对理论复杂推理的兴趣取代了达成结论的需求。

现代教育与真实生活脱节

无论学生的脑袋被填鸭式地塞进了多少书本知识，经过 12 年或 16 年的教育，他们对一般事物与人生的了解，却和真实经验完全脱节，对自我的了解更是匮乏。

另一方面，如果从一开始就以"从生命中学习"的角度去定义教育，很快地我们就会发现，应该是现实引导我们建构理论，而非让理论来塑造我们的认知。然而，莘莘学子却被诱导去拥护轻率的，甚至危险的信念，只因为他们的老师都太"客观"了。一旦理论以引人入胜的知性论证包装呈现，人们便不在意这些理论是否违反了人类的正常感觉，或是最基本的常识。

这里以法国哲学家萨特对"意义空无"的教导为例。萨特是虚无主义者，由于他所发展的理论如此出色，各大学便将这些理论提供给学生作为心智标准范本。"能够掌握复杂的哲理，"瑜伽阿南达评论道（Paramhansa Yogananda）， "满足了自我的虚荣心。"

最近有一项针对大学教授所做的调查显示：同样是本专业领域内的相关主题，大多数的教授偏好长篇大论或看起来复杂深奥的文章，而不喜欢写得浅白易读的文章。于是，研究人员再将那些原本简洁清晰的文章改写得错综复杂：尽可能用多音节的词汇或短词汇，以晦涩不自然的陈述代替原本的叙述方式；然后把这些改头换面的文章拿给同一群教授看，并附上原来的版本，要求他们加以评判。这群饱学之士绝大多数都没有想到，事实上他们是在阅读同一篇文章，理论与观念完全没有增删。结果，所有的教授都表示较偏好复杂的版本。问他们为什么，他们的答案是："较难懂的版本看起来学术性较高，因此呈现出较好的研究方法、较深入的想法以及较优秀的洞察力。"

这真是令人震惊，人们在人生定型的年纪习得的理论影响他往后认知现实的程度竟是如此之深。早年习得的任何错误，都会扭曲一个人推理思考的方式。错误的前提导致错误的结论，不管推论过程多么明智都一样。强加于现实之上的理论，最后却成了现实的替代品。

在心理学家身上也可以看到类似的倾向。他们无视于自己的切身经验，而坚称新生婴孩的心智纯净如白板，经过环境的影响，才会塑造他的人格。然而，客观现实中却根本没有证据支持这项理论。当过父母的人都知道，自己的孩子从一出生就和其他孩子是多么不同。但是那不重要，既然理论说事实"理当"如此，当然也就是如此啰！

弗洛伊德也是这样。事实上，他毕生的使命就是以性冲动来解释人类所有的动机。我可以想象唯物论者是如何运用弗洛伊德这套理论，将所有的自然律都量化观之的。

受过教育的人，比起在"硬碰硬现实生活洗礼"下长大的人——意思就是具备普通常识的人——更加热衷于拥抱理论而非真实。

教育的目的，在于帮助孩子做好准备，踏实地迎向人生。因此，教育应该鼓励孩子从生活中学习，同时以怀疑的态度检视那些不曾被质疑过而代代相传、一成不变的知识内容。

教育必须扣紧经验，而不只是纸上谈兵。最重要的是，学生应该得到教导，并从中学会观察行动的真实后果，而不是听到别人说结果应该如何，就盲目地相信了。

　　对于切身经验的强调，不仅适用于科学研究，而且在所有关于人类的事物上更加适用。我们正是基于对经验的重视，发展了一套崭新且具革命性的教育系统，在此命名为——"生命教育"。

第三章

理智有赖于情感平衡

虽然情感可能会扭曲人们对现实的认知，
但升华且净化后的情感则能以其纯粹的感受，
理清这些认知。

有一天，伽利略观察到比萨教堂天花板上大烛台影子的摆动，对这个运动现象的思考让他得出了钟摆运动定律。

根据伏尔泰的说法，某天牛顿观察到一颗苹果从树上掉下来，因而发现了地心引力。

人性是科学的阻力？

所有的科学都是"发现"。而科学方法最令人称颂的地方是：避免预设立场，坚持从事物的真貌中观察学习。真正的科学家会尽力不把自己的期待强加到客观现实上。

每个人都会有期待，而这些期待有时的确会在不知不觉中影响人们的看法，科学家当然不例外，他们也可能将自己的期待放入研究中。伟大的物理学家爱因斯坦和爱丁顿爵士，彼此对科学上的某些疑点有歧见。爱因斯坦排解这个争议的方法是，宣称这一切毕竟"只是个人喜好不同罢了"。

科学家也是人，因而即使有时候发现他们在人生竞技场上，跟我们一样得奋力搏斗，也不必失望。真正令人丧气的反而应该是下面这个普遍性的假设：倘若一个人真能训练自己采取完全科学的态度，他就会全然超脱人类情感；借由这种冷静客观的态度，便能拥有全知的理解力——似乎只有在不带情感的状态下，才能成为知识上的超人。从这个观点看来，人类的天性成了理解事物的阻力，而非助力。

这也就难怪在许多描述未来世界的虚构故事中，会把美丽、善良、快乐以及——或许是最先消失的——幽默等等"浅薄的无聊玩意"删除了。这类文学的典型，首推科幻小说，简直可以用沉闷呆板来形容：几百年后的地球，被想象成一个没有树木的地方（至少，书里没提到），没有草地、溪流，也没有鸟声啁啾，而是一个科学终于掌控自然，让自然俯首称臣、循规蹈矩的世界。到那时，我们将拥有想象中理想完美、坚固而崭新的世界：有超强耐用的塑胶制品、高效率的实验室以及运作畅顺的机器设备——包括跟机器没什么两样的人类。

某位知名心理学教授按照惯例告诉第一次来修课的学生："这里如果有谁认为自己拥有灵魂，请先将它暂时放在教室外面再进来。"（这句俏皮话当然会为他赢得他所想要的"笑果"。）事实上，他真正要告诉学生的是："我们将秉持着知性客观的态度来研究课题——纯粹是科学的，摒弃人类的自以为是。"

然而这位教授这样的说法，无疑是在"Pass'e, alas"（意思是：真就是美，美就是真）这句名言上，又多加了一铲土。因为这位"好"教授的言下之意就是：为了合乎科学，我们心理学家有责任把人类天性当成物质看待——就好像它仅仅只是一种分子组合而成的物品，人类之所以有意识，不过是在漫长的物质演化过程中碰巧生出脑袋罢了。

在这种看待人性的观点中，主张人类有灵魂当然是荒诞无稽的。然而从这个观点看来，设定理想、鼓励幻想以及追求精神上的提升，也同样荒谬。这种观点鼓励我们只要用下半身思考就可以，也就是说，只要能够满足动物性的本能与欲望，就该知足。

冷冰冰的完美形象，在许多现代小说里我们都可以发现，书中描述的英雄人物，行事如行云流水般顺畅而有效率，冷静而不情绪化，身体与心智都被塑造得完美无瑕——事实上，宛如机器一般精良。对于上述令人神往的特质，或许我们不一定会效法

（那样的要求太高了），但是多少会由衷地赞叹。

在推理的过程中，如果没有情感的平衡，就可能会产生"哈姆雷特情结"，因而影响了行动。有太多教授，声称自己是客观超然的，却暴露出他们反对以任何形态献身的成见。从这个角度来看，他们与历代真正的伟人科学家是多么的不同啊！

爱因斯坦宣称，科学探索的本质就是：面对宇宙奥秘时，自内心油然而生的那种神奇的敬畏感。通常伟大的科学家就跟大多数的伟人一样，既是梦想家，又是行动者，他们献身于他们的梦想——你也可以说是他们的愿景。以爱迪生为例，他试过了四万三千根细丝，才找到一根可以用在白炽灯泡里面的灯丝；而他的助手在试过约二万次时，便已受不了而恳求他放弃这项试验。想想看，这是多么超乎寻常的执著啊，而他竟愿如此献身于一个别人看来根本不可能的梦想！

从这里便可看出伟大的科学家与普通学究有多么大的不同了。然而，却是这些学究在课堂上呈现科学家的发现！科学家的生平与发现一旦被载入教科书，他们的热情、对目标的全然献身，就或多或少地被遗忘了。

今天有那么多人心目中理想人物的形象之所以如此冷冰冰，说起来似乎有部分得归咎于这些学究畏惧献身知识。我们的学校体系培养受教者执著于纯理论以及抽象概念，而对于较接近人性的价值反倒是漠不关心。

然而心理学本身告诉我们，人类的情感是不能被压抑的。如果不试图循着建设性轨道发展情感生活，反而采取不理不睬的态度，这些情感就会去寻找另外的——而且通常是破坏性的——轨道来自我宣泄。

不幸的是，有些心理学家也就因此鼓励以不加抑制的情感表现，作为清除这些情感的方法。他们并不探讨如何升华这些情感，而把情感当成是理解现实的障碍。人们则被引导去相信，摆脱感情束缚的方法就是任凭感情自由流窜。

　　以电视——公众态度与意见的镜子——为例，只要打开电视机，不出几分钟，你就会看到许多不堪入目的范例。愤怒的尖叫、无缘无故的侮辱、拳打脚踢的斗殴、拒绝沟通，甚至开枪打死人——这些行为在电视上呈现出来仿佛再正常不过了。自私地忽略他人需求被视为理所当然。电视不会告诉我们：骚乱的情绪背离了正常规范，冷静、优雅的情感才是成熟人类真正的行为典范。

情感有助于理清认知

　　虽然情感可能会扭曲人们对现实的认知，但升华且净化的情感则能以其纯粹的感受，理清这些认知。智力，只是大自然所恩赐，以使我们更接近自然奥秘的工具之一，而冷静时的情感则是另一种更棒的工具。两者之中，情感更为重要。

　　西方世界最引以为傲的，是他们的科学成就。然而，在我花了大半辈子走遍全世界之后，我怀疑西方文明是不是同时也孕育出了一批心理与心灵发育不健全的子民。

　　我想起印度圣雄甘地对于"你对西方文明的看法是什么"这个问题的回答。他苦笑着答到："我想它会是一个好的理念！"

　　科学已经提供了一把重要的钥匙，坚持没有任何信仰体系可以凌驾于我们对客观自然的认知之上，也因此促进了知识的增长。然而，这种科学研究方法却不可以使我们把任何事物都当成物质来研究。事实上，我们应该倾听自然，不管它要告诉我们什么。我们应该摒除既定成见，包括是对精神发展的物质化看法；同时还要不断努力，永远让自己与自然的真貌和谐一致。

科学教导我们向自然学习。那么，为什么不让我们也向人性的自然本质学习呢？

这个学习的过程应该和科学上的发现一样，成为学校体系呈现于课堂中的课题。学校教育的目的就是要给学生传授前人在伟大的人生学校里学到的事物。几千年来，人类在关于人性的学习上已有颇丰硕的成果了，在追求生命真正的圆满这个课题上也有许多发现。因此，学校教育的良好起点，就是在原来课堂传授的科目之外，再加上对人生自然本质有智慧的学习研习。

此外，我们也必须以科学的真实客观，不是冷酷、理性的客观，而是包容了冷静情感的客观，来趋近这些攸关生命的重大发现。

唯有从人生之中，才能看见过去一再重复显现的教训，找到人类通往美好生活的道路。

第四章

何谓真正的 "进步"?

孩子的教养必须是进步的，
这意味着要带领他们到某个目的地，
引领他们从不成熟迈向成熟。

抽象理论是大学教育而非中小学教育的主题。然而，这些理论的影响即使是在小学的教学中也是普遍可见的。

人生中鲜有其他阶段比儿童时期的教育更容易落入教条主义的窠臼了——甚至已达冥顽不化的程度，听到与自己观点不同的看法，便抨击为"异端邪说"。然而，很少有人坚信儿童具有"自然智慧"这样的信念。这种信念有点类似卢梭的"高贵的野蛮人"（noble savage），是想像力的产物，但却是许多人热切信仰的对象。

没错，孩子有时会展现出令人惊奇的洞察力。绝大多数人都曾对孩子表现的理解深度叹为观止，对"原始人"也一样。正因为他们缺乏世故的教导，因而知道许多在文明发展过程中失去的事物。原始人和孩童拥有许多值得我们学习的特质，但这样的事实不应被发展成许多大人喜欢强调的论点："孩子应该自己决定什么是需要学习的"。

真正的进步是得以进展

"进步"教育，好几个世代以前人们如此命名。然而，这种教育方式在许多方面已经跨过了秩序与常理，迈向混乱。我无意在这里探讨纪律与放任的议题，虽然这的确是放任教育所导致的问题之一。然而我想要强调的是，"进步"所蕴含的简单概念——"进展"——有多么重要。

学习的过程应该让一个人从"某个地方"进展到"某件事物"上：从相对的无知进展到相对的理解。这似乎是显而易见的道理。教育理论当然不可能从这个诗意的假设——事实上是成人需要接受教育——开始。然而这样的说法总能在篝火晚会上引得群众频频颔首。

我曾经听过一位畅销书作家对一大群观众宣称："我不知道我站在讲台上做什么，你们每个人都应该上台来教导我！我应该坐在下面，聆听你们的话。"

"少来了！"我心想，"如果你真这么想的话，为什么不干脆走下来和我们坐在一起？不要再大放词辞了。"他知道他是受邀站上讲台的，这些话不过是装腔作势的应酬话罢了——他可是收了酬劳来演讲的。

当然我们都知道孩子迟早都必须学习"读、写、算"。孩子并非生下来就拥有上述的技能。但是，在道德以及社会价值这些价值观的领域内，"进步"教育的方法却完全占了上风。

"我们不想将自己的价值强加到孩子身上"，"孩子们知道什么是正确的，让他们自己决定应该相信什么"的说法甚嚣尘上。然而，这是否意味着所有信仰体系只不过是一堆臆测？当然不是，例如对于科学的"信仰体系"的信念就深入人心。那么，对于那些众所周知塑造人生智慧典范的人物，为什么不能对他们的智慧心血也抱持同样的信念教给孩子？

近来出现了许多有趣的"人生定律"，例如："莫非定律"（Murphy's Law）、"帕金森定律"（Parkinson's Law）和"彼得原理"（Peter Principle）。为了跟上这些愉快的传统，我很乐意（开玩笑的）贡献另一条法则，称为"华特士教条增生定律"——这是我在这股"定律风潮"中的风向标。这条定律就是："教条主义的分量，与它能提出的证据多寡成反比。"

的确，越是在不需要事实证明的主题上，教条主义越是迅速

丛生，有时甚至到了百家争鸣、全然狂热的程度。这种狂热以政治为最，教育则紧随其后。在现代教育理论中，卢梭的"高贵的野蛮人"被代换成"高贵的儿童"。据我所知，在美国，唯一还强烈阻止孩子们"随心顺性"的规条，是许多中学走廊上贴着的两句标语："禁止携带枪械"，"禁止嗑药"。

与此同时，人类在伦理道德上的进展越来越追不上科学的发展。目前，人类这个物种正面临着迫在眉睫的危机：把自己炸回穴居生活——或是炸向天堂，或者不晓得炸向何方。

孩子真的有资格来教导我们人类生存所必须知晓的奥秘吗？也许我们可以想象蹒跚学步的小娃娃口齿不清地恳求："妈咪，求求你，求求你爱爹地。噢，爹地，求求你亲亲妈咪！"这样或许真的可以为人类和平赢得小小胜利，然而他的胜利极可能在几分钟后就大逆转，他开始对着他的小妹妹大吼："把我的玩具还给我！"

如果我们把孩子想象成已充分了解行为与信仰的基本原则，任凭他们成长，而不在这些关键性的事情上给予引导，那么，下半辈子，我们可能会搞不懂，为什么他们老是这么不成熟，总是对于任何人或事物缺乏信仰。

正是教育的过程，特别是在中学和大学阶段，如此直接地剥夺了孩子原本可能有的任何信仰。举例来说，大学课堂上，有的教师常自以为是地对学生提出一种现代思潮的教条（据说是从科学态度衍生出来的）以表示自己的"态度客观"，这个教条就是："人生是没有意义的"。当然这样的信息会表达得非常婉转巧妙，但我们的年轻人却紧紧抓住了这个信息，甚至感染到小学生身上。

真理是相对的？

爱因斯坦宣称光速是物理学上唯一的"绝对"，并提出"相对论"时，并不是针对所有事物的"真理"。然而，哲学家却立刻将爱因斯坦的相对论套用到道德与精神价值上。物理学家观察物质现象相对于不变的光速是一回事，然而哲学家引用物理学为立论根据，宣称万事万物是相对的，没有绝对的真理存在，那又是另一回事了。这是什么样的思考方式？物理学家，至少坚持有某种事物是恒久不变的，相对论哲学家给予我们的却空无一物。

配合这样的新思潮，孩童接受的教导是："演化并非进化。"因为，并没有一个目的需要前进达成；换句话说，演化极有可能会选择恐龙，让他们发展繁盛，成为地球上的优势物种，就像现在的人类一样。某位心理学家问得好："人类演化出大脑袋就一定比大象演化出长鼻子更为进步吗？"答案是不证自明的：非也。

在种种强调意义虚无的现代思想之中，我们能够给予孩子的最好信念，似乎就是既然任何事物都没有真正的目的，因此他们大可以独立自主，护卫自己。（为什么要我们去卫护他们呢？当然啰，我们必须把这个念头予以优雅精美的包装。"给予他们自己，"我们宣称，"去护卫自己。"）这是我们这个时代心智上的教条：如同先前所述，教条的拥护者越是无法提出证据，说服具有普通常识的人信服他们的观点，就会越热烈地宣称这个教条是颠扑不破，不容置疑的。结果是我们的孩子愤怒地反击这种假设的事物状态，然则我们也不必过分惊讶。

一名成长中的孩子需要信仰，如同他需要空气以呼吸一样迫切。当他被剥夺了最后残存的信仰，他的幻灭会转化成报复的欲念，报复那些剥夺了他珍贵无比资产的人。

有的老师总爱长篇大论、不厌其烦地解释客观的重要性。然而，在这过程中，他们的学生真的学到了客观吗？学生被引导去嘲笑主观，那是偏见的表征（"我们不可以做价值判断"）；这个过程带给我们多少收获？在尽最大努力否认自身的情绪之后，学生会发现这些情绪以完全不合理性的方式浮出表面。

充满乐趣的儿童幻想小说《说不完的故事》，提出了一个重要的观点："一旦幻想遭到压抑，就会以谎言的形式重新浮现。"同样的，情感受到压抑，就会削弱一个人踏实面对生命的能力。

那怎么办呢？当然，我们是时候应该将科学的抽象真理保持在适宜的位置上，同时认识到在这栋人生经验大楼里，还有其他的房间也需要摆设了。我完全无意将科学驱逐出这栋建筑：科学的位置是重要的。但是，不要任凭科学左右发生在其他房间里的一切事物。

孩子的教养必须是进步的，也就是要带领他们前往一个目的地。这是昭然若揭、毋庸置疑的定理。然而，我们应该引领他们到什么地方呢？将抽象原则放在一边，简单显明，而且最根本的答案不就是"从不成熟迈向成熟吗？"长大成人真正且完整的涵义，不就是达到成熟吗？

成熟原理

如果事实如此，那么我们就有必要问自己：什么是成熟？

让我提出另一条法则："成熟原理"——"成熟就是恰如其分

地与自身之外的其他现实发生关系的能力"。

　　而不成熟显然就是表现出相反的行为。不成熟就像是一个小孩子因为得不到他想要的，在百货公司大发脾气。孩子长大后，会发现人生并不是永远顺心如意的，许多人学会在希望落空时掩饰他们的挫折，但很少人学会放掉挫折，他们比起会发脾气的小孩是成熟了点，但不太多。很多人原本可能可以在成长过程中修正他们的幼稚倾向，达到成熟，然而事实上，我们这个时代的教条喂养了他们的不成熟，而非治愈幼稚病。

　　不久之前，在底特律的一次经济萧条中，数百名工人必须被解雇。其中相当多的人接受了心理咨询以协助他们适应困境。然而因为有太多的案例了，并不是每个人都能得到咨询协助的。结果竟显示，接受过咨询的人比没有得到咨询的工人，适应得更差。

　　如何解释这个令人意外的结果？报告上说，咨询的"受益"阻挠了这些工人渡过难关。因为他们受到鼓励沉溺在困境中，"客观地去看待"困境，同时考虑各种不同的理论方法来应付困局。而那些失掉咨询机会的工人则没有把时间浪费在将不幸理论化上面，该做什么就干脆着手了，以重建他们的生活。

　　成熟并不是在某个年纪就会自动抵达的终线，成熟是持续不断，甚至永不结束的过程。事实上，有谁可以宣称，现实中已经没有任何层面是仍需要学习的？谁知道我们终点将止于何处？我们奔向一个不断后退的觉知地平线，直到最后，变成了一个完全的圆，向外扩展到无限。

　　这本书的目的，在于协助孩子发现他们不断前进、迈向成熟的道路。因此我一贯的假设是，成熟，是所有人类根本的目标，不只是正式教育的宗旨。人生的教育持续不断，贯穿我们一辈子的生活。

第五章

孩童的真实自我

敏锐的心智清楚知道，
本位主义的自我与真正深层的自我，差距极大。
这也就是"认识你自己"的真意。

"Gnothi sauton"，古希腊德尔菲神殿的阿波罗神谕如此昭告世人："认识你自己。"

"人类最迫切的研究，"英国诗人波普（Alexander Pope）写到，"就是人。"

"最重要的是，"英国大文豪莎士比亚透过《哈姆雷特》一剧中的普隆尼斯宣示，"真实面对你的自我。"

向内寻求真实自我

历史上诸多伟大智者送给全人类的诤言一向是：在追求智慧的路途上"向内寻求"。人要有能力与人建立真正的关联，首先得靠自身的感性。正如莎士比亚的说明（总结上述的引言）："于是如同白日跟随着黑夜而来，你将不可能虚伪对待任何人。"

这项永恒的真理——向内寻求的智慧——在现代社会追赶更具"科学"价值的浪潮中，却被弃置在一旁。但是，并不是每位科学家都能获取科学大发现。我们发现，至少在某些方面，最伟大的科学家也是伟大的人物——不只是因为他们的聪慧才智，更重要的是他们具有更完整且深刻的意识。事实上，才智本身不过是衡量伟大时一个无足轻重的标准。在这个世界上有太多"聪明的愚人"，尽管智商不低，可叹的是缺乏普通常识。

伟大的科学家之所以伟大，还在于他们有能力超越琐碎的自我偏执，向外伸展，追求更广阔的现实。而通常次等的科学家，就像到处可见的中下资质者一样，甚至不曾表现出这样的倾向。

动机也是检验伟大的一个向度。次等的科学家和才智平庸者一样，动机几乎百分之百是："我可以在里面得到什么？我会拿到什么好处?"正是由于他们的视野太小,以至于低人一等。人生的视野越宽广,就越不会去计较个人的收益。无可否认的是,某些本来可以更杰出的科学家,或是在其他领域具有优秀天赋的人,由于太过自我中心或是野心勃勃,而无法达到他们原本可及的层次。

然而,至少在他们的工作上,他们能够——比绝大多数人优秀太多了——超越狭隘和琐碎。事实上,正因为他们的精力充沛,往往使人对他们产生自我中心主义的错觉。

再来谈谈真正伟大的科学家。他们的心智清晰,也冷静,因而能够将所有精力和关注集中投入手边的工作。多数人就是缺乏这种专注,所以无法拥有那种特殊的认知能力——这正是天才关键性的秘密。敏感的认知是冷静专注下的自然产物,换句话说,就是自觉。

美国著名的植物学家伯班克(Luther Burbank)进行植物实验时是如此专注凝神,因而看起来老是垂首低目的,其实是因为他正同时凝视着内心及外界。同时期的其他植物学家,因为无法复制实验结果而质疑他的发现,然而他培育出来的新植物品种就足以证明他的发现的真实性。

伯班克认为,自我的认知是他在植物实验工作中不可或缺的一环。谁能否认,即使是探求宇宙如何运作的洞见,也得先具备某种程度的自我认知?

真实认识自我是科学洞见的前提

古希腊哲人毕达哥拉斯生活的那个时代,受过教育的人们还深信或想象宇宙是一个大平台，而地球位居中心。然而毕氏却声称：地球是圆的，而且和所有看得见的星星一样，都绕着一团巨大的火球旋转。多少世纪以来，他对事物的见解，只被人当成是奇特有趣的想法。然而时至今日，人们却讶然发现，他的想法与现代天文知识不谋而合。现代的天文学告诉我们，所有看得见的星星都各有其所属的星系，缓缓绕着一个火球般的中心旋转；这亿万的星星的总和，根据科学家的精密遥测得知，即人们所说的银河。

毕氏令人称奇的知识从何而来？当然，能从他那个时代的普遍知识中拥有如此概括性的一项理论，首先一定得归功于他自己知觉意识的宽阔延展。

在 20 世纪，关于自我意识以及遵循自我认知行动的重要性，已被大量的书提及，尽管多少有点肤浅。易卜生《玩偶之家》（The Doll House）剧中的娜拉就是这套学说的先驱；还有凯特，英国剧作家巴里（J. M. Barrie）所著的《十二磅外貌》（The Twelve pound Look）中的主人公。这两位女性都选择了独立自主地生活，而不是继续活在庸俗、独裁丈夫的束缚之下。在距今更近的年代里，这一类型的文学作品急速增加，成百成千的课程与研讨会更是提供了自我实现的技巧。

将这个重点带入中学和大学校园似乎是自然而然的延伸。事实上，这样的进程已经上路了。

不过我们仍然要问一个问题：如何认识真实的自我？

追随娜拉和凯特的榜样就够了吗？只要站在这个世界面前，大声疾呼"从今天开始，我要成为自己的主宰"就行了吗？如果这样就可以拥有自我认知的话，就不必倡导坚持忠于自我了。

存在，所以虚无

对于"个人实现"的主张，近代哲学界的最佳阐释者之一是存在主义哲学家萨特。萨特主张，人们真实的自我由自身产生的欲望来界定。他强调，如果我们坚持自己的意志，摆脱其他人加诸我们的期望，忠实于自己的本质，最后就不会成为纯正的人。如果他推崇的这种净化过程，最后的结果竟然是让我们成为不被社会接受的人，又有何不可？就做一名流放者吧。当我们顽强坚持忠实自我，在萨特的定义下，我们就有资格被尊称为圣徒。

萨特甚至写了一本书《圣徒惹内》（*Saint Genet*），颂赞一名男子，他忠实于上述"原则"，敢于成为并且夸耀自己是一名小偷和男妓。人们则热心地阅读萨特的著作，仿佛这些作品真的有助于追求人生的自我实现。然而，萨特却是一名虚无主义者。他不接受任何既定的人类规范。而且，他对于现代社会的重大影响绝不只是一个玩笑。我们亲眼看见萨特哲学对今天无数年轻人的行为造成影响——其中许多人不过刚进入青春期，却言之凿凿地声明"人生是没有意义的"，并从此以自弃式的自我中心"行走于世"。

我们不禁怀疑：为什么这些虚无主义的教诲，在课堂上听起来是如此庄严肃穆？其实我们拥有许多博大精深、历经时代考验的格言，足以教导我们更具体地实现自我。然而事实上，这一类的课题早已是乏人问津了。

我相信，萨特对人类永恒意义的怪异扭曲，到最后能证明的，其实是自身的荒芜。他以单调的词汇重复阐释一个个"圆满"的范例。但敏锐的心智却清楚知道，自我中心的武断与真正的自我实现有天壤之别；本位主义的自我与真正深层的自我，差距极大。一旦体会到这点，就是一种觉醒。这也就是"认识你自己"这句哲言所隐含的真意。

伟大永远是和意识的延伸紧密相连的。而意识的拓展，在文明长远的历史中，永远与同情心、爱等情感息息相关，而绝对不是自绝于其他人之外。自我拓展时，会自然而然地涵盖了对群体福祉的关切。这样的思想与萨特教义是多么不同，他的说法是："意识到他人，就是意识到不是自己的部分。"

让自然法则来教导

　　大自然果然可以广施教化，而且成效卓著。万事万物自有造化的意义，我们很快就能从中学到教训，以便生存或获益。例如，如果碰触滚烫的热锅，我们的手指就会被烫伤；只要受过一次这样的教训，人就会学习到：人类皮肤生来是无法承受强热的。

　　在其他无数的生活层面上，我们学习到：如果遵循大自然的法则生活，人类就能繁盛壮大；而如果蔑视自然法则，就会遭受痛苦。

　　自然法则既存于每个分子、原子的核心，是由内向外地散发与扩展，而非从外而来地强迫。自然法则教导我们，同样的原则存在于每一个事物的核心，我们必须加以尊重，一如尊重自己内在核心。借用瑜伽阿南达的话来说明："宇宙法则是'到处都是核心，无边无界'。"生命教导我们敏于感知自身以外的实存，包括他人的实存。以这种方式，生活引领我们，一点一滴地，迈向成熟的终极境界。

　　成人应该敏于去感知"孩子对现实的觉察必须更宽广"的需求。呵斥孩子"你胆敢去碰那个锅子试试看"其实是违反了事物的自然秩序的。成熟并非来自戒律，而是通过逐渐发展形成的认知。因此，妥协合作必须经过理解，不要超过孩子的负荷，这才是比较明智的做法。

　　如此说来，明智的指引就是不可或缺的了。每一个小孩，每一种状况，在某方面来说，都是独特的。有些状况则会需要更迫切的回应。你当然不会让孩子被滚烫的热锅烫伤，他靠近火炉时，你会本能地对他大喊："不要碰！"然而，如果事后不向孩子解释，为什么你要如此急切警告，可能会让他一头雾水，甚至惶惑不安。或许下一次他逮到机会，发现只有自己在厨房时，他会迟疑地靠近锅子碰触看看，万一炉子还很烫，他就受伤了。当然也或许他正是需要这样的经验。至少，这一次他只是在尝试。然而，最佳状况应该是，他天性明辨是非，同时愿意听取你合理的解释：为什么不应该触碰滚烫的锅子。

这是一个简化的例子，生命中还有许多比这个更艰难的课程有待孩子学习：为什么伤害别人是不好的？为什么与人分享是好的？为什么想要以愤怒遂行己意时，往往导致自我挫败？为什么一味地追求物质反而令人更空虚？我们总是希望，人们不一定要经历痛苦才学会每一项课程。然而，明智的父母或老师都知道，有一些课程，甚至是痛苦的教训，只能经由亲身经验来学习。

"省下棍子，宠坏孩子"——我们只好接受，生命本身就适用这项真理，无论对大人或小孩都适用。同时我们也必须知道，如果不依循这个生命法则，永远不可能达到真正的成熟。事实上，如果不遵循，我们都有可能被宠坏，因为那会导致我们对狭小自我与自私欲望之外的广阔现实一无所知。

体验失败，发现真实

有位成功的企业家某次被问到他成功的秘诀，他的回答是："我允许属下犯错，经由错误来学习。"相比之下，有不少企业家会因为部属犯了一个过错便将他解雇。领导者会因不能宽容手下的错误而落得冷酷的声名，而这样的结果是，那些部属因为害怕犯错，做事变得刻板僵化，而且完全失去他们可能拥有的创意。

　　教育应该是鼓励而非强迫孩子发展智慧的一种方法。教育的运作应该切合大自然内蕴的奖惩系统，而且不要过度保护孩子免受他们所犯错误的自然结果。同时，教育还应该努力让孩子以更坦然的态度面对这些后果，使他们不致丧失勇气，而能明白这就是人生的现实。

　　与自然合作的一个绝佳方式是：吸引孩子的注意力，让孩子明了他们所经历的事正是自己的行动与态度的结果；甚至安排状况，协助他们自己学习这些真相而不会造成伤害。切记，课程的安排应该要导向启发内在的认知，而不是充满教训意味，让孩子觉得你是在幸灾乐祸："看吧，我早告诉过你了！"孩子应该抱持的想法是："我自己学到了这个教训。"

　　为什么我们应该诚实待人而不应该撒谎？应真实而不应虚假？要自制，而不要自我放弃？要专注于思考，不要任思绪涣散？要亲切仁慈，而不要冷漠无情？要与人合作，不要过度竞争？为什么？不是因为任何人对我们抱持这些期望，而只是因为在上述那些相对的特质中，正向的特质最终会带给我们人生真正向往的事物。并不是政府、社会或是出自任何人为求自身方便而给予的指示，告诉我们正确生活的内在需求。自然法则本身——我们自身的法则——就是这么设定的。唯有与大自然和谐融洽，我们才能发现自己真正的需求终于得到满足——即使是自私的需求也一样。拒绝融入自然律，到最后将无可避免地证明：我们的期待会落空。

　　当然，这就是错误的行动之所以错误的最重要原因：错误的行动应该受到谴责，不是由国家法律或者其他同胞来裁决，而是由我们自我觉知的内在法庭来审判。

第七章

终极目标

迈向成熟的学习法则，就是体会到：

"人类所有奋斗的终极目标，

是要回避痛苦，实现快乐。"

有一天，我熟识的一位女士试图要让她 2 岁大的儿子戒掉一些婴儿期的习惯。她对孩子说："别再这样了，你已经不再是娃娃了。"

小男孩抬头望着她，愉快地答道："但是我喜欢当娃娃！"

我另一位朋友的 5 岁女儿有一次问她："妈咪，白天你都在想些什么？"

"噢噢，"妈妈回答，"我在想你们这些孩子啊、爸爸啊，还有我们的朋友。"

"我才不，"小女孩非常严肃地接口，"我想的是我自己。"她停顿了一下，然后若有所思地问道："为什么小孩子想的是他们自己？"

这两段都是有趣的对话。

我们常假设孩子们渴望长大。然而，即使是大人也会有抗拒改变的倾向，更何况是这些安稳在母亲温暖怀抱里的婴儿，或是关心自己胜过关心外在世界的小小孩呢？

另外我们也可看出，像我朋友的女儿这么小的年纪，就已经能将她自己的想法一般化，推己及人地延伸到"其他小孩也是如此"了。她展现出的是每个人，包括小孩，共有的倾向——不仅执著于原本已知的，还会向外扩展思考范围，但必须逐步渐进。

一步一步慢慢走

"扩展"的确是生命本能。特别是在有关孩子成长的事情上，我们必须了解的重点是：孩子需要被"邀请"迈向成熟。成长的过程中，孩子们看待现实的眼光会不断扩展。但是，我们在引导他们拓展眼界时必须足够敏感（敏于察觉他们的感受），否则，非但无法引起他们的兴趣，还会使他们反感。

面对远超出目前所能想象的挑战，即使是成人，都会感到威胁。关于这点，我个人曾有深刻的体会。在种种值得毕生投入的活动中，我致力的方向之一正好是建立一个社区。事实上，经过30年的奋斗，我们的"阿南达村"已逐渐繁荣。但这个构想刚提出之际，跟许多计划的遭遇一样——人们无法想象它会成功。

那些日子里，我会与社区成员分享对未来的梦想，企图激励大家。结果令我惊讶的是，这些梦想对许多人而言，带来的感受是威胁多于激励。

从这个经验我理解到，人们对未来的想象必须一步一步慢慢来，他们很难一下子就接受所有的设想。正如我们社区的例子，得经过许多年，成员逐渐熟悉这些生活方式后，他们才会发现自己能够接受我描述的未来蓝图。

常理不一定是对的

有些正确的行为准则似乎悖于常理。一般人会认为：为了满足自己而牺牲他人，似乎在所难免。然而，真正成熟的人却明白，"无私"才能达成更深刻的自我圆满。这种教导与许多大人的常理认知背道而驰，环境既是如此，我们又怎能期待孩子会轻易接受呢？看来应该好奇的反而是：孩子们怎么能身处于成人价值观的茫茫荒野中，而不迷失呢？

我的一位表弟小时候老爱打架。他的体格非常强壮，因此永远是胜利者。一天下午，他又是衣衫褴褛，带着一身瘀伤回家，他的母亲训斥他："难道你不懂吗？宝贝，别人打你时，你不应该打回去。"

"噢，可是妈妈，"男孩理直气壮地回答，"我从来没有打回去，我总是先动手呢！"

要将我们所重视的原则教给这样的孩子可不容易。他们现阶段的人生经验远远不及成人。如何才能鼓励他们体认现实时也将他人考虑进去呢？我们对成人的教诲，光是要向孩子解释清楚，就有很大的困难。事实上，让我们面对现实吧，就算是成人，也不是那么容易遵循这些"成熟"原则的。连成人有时候都会出现这样的想法：如果我抢走别人的工作，他就会饿死。那又如何？整个世界就像原始丛林，适者生存嘛，就是这么回事。保护自己都来不及了，哪还管得了别人！

而教育的职责，正是要吸引孩子朝着成熟的理想境界前进，这个理想境界就是——将他人的现实融入自身的现实视野中。

想象与真实的融合

虽然孩子们会有与生俱来的需要——希望在他的已知范围内感觉到安全稳当。但在自身发展的同时，他还会感觉到另一种自然需求——想要扩展他所能了解的范围，而且渐渐地他会意识到，自己的确有能力向外拓展。

许多童年的幻想，在实事求是的成人眼中看来虽然愚蠢可笑，但对孩子却非常重要。如果孩子相信有圣诞老人，请不要一下子鲁莽地戳破他的幻想，而是一步一步引导他了解事物的真相。孩子如果受到如此小心敏感的引导，他将得以保有珍贵无比的想象天赋。缺乏想像力，人生中伟大的成就就没有多大可能了。

然而必须再次强调的是，孩童需要知道他的限制。如果他得不到任何指引，会使得想象与现实认知差距过大，他会因此而无法快乐。跟他说："要小心，不可以随便横越马路。"孩子可能会因无法理解而不同意，然而这却是必要的划界。坚定地给予界限会带给他安全感，但绝不能强迫。孩子必须得到允许，以他自己的步伐拓展他的理解。

简单而适用的原则

如果能够找到一个概括性的原则，足以解释成长过程中种种必须学会却令人手足无措的戒律，对孩子将会大有帮助。举例来说，孩子可能无法迅速理解将"他人的真实融入自身"的必要性——他可能不容易明白慷慨待人对自己有什么好处，也很可能无法理解别人为什么会给他令人难以置信的建议："被打的时候，却不应该反击。"教孩子这些人生原则时，如果一条一条分开来教，彼此之间毫无关联，很难叫他记得住。

因此我们需要某种简单的"大一统原则"（因为没有更好的术语可用）适用于人类行为，以便淘汰普遍使用但效果极微的解释："如果你不照着我的话做，你就等着挨一顿打！"

事实上，的确存在着这样的原则。这个原则适用于孩子迈向"真正成熟"之路的所有阶段，甚至对成人而言也是同样的适合。人们做一切事情，内心真正向往的其实很简单，就是："避免痛苦，寻求快乐"。

虽然这个原则对大人小孩都同样真实，但是通常在孩子的生活中更容易观察得到。因为孩子的动机不像大人，会被其他顾虑所掩盖："邻居会怎么想？将精力奉献于家庭会不会伤害我的职业发展？不管内心的感觉，对顾客微笑会大大增加我的收入吗？"孩子的动机很少会这么复杂。

　　举例来说，为什么一名成年人要找工作？第一，因为他想要逃避饥饿以及经济不稳定的痛苦；第二，因为他要追寻快乐——无论是工作本身的快乐，还是一旦拥有稳定收入就能够实践生活的快乐。

　　为什么人们爬山？只是因为"要爬上顶端"？或是像新西兰登山家希拉里（Hillavy）一样，"因为山在那里"？为什么有人想要爬上山的顶峰？原因其实非常简单，因为爬山者心里认为，对他来说，山的顶峰存在着某种形式的圆满——换句话说，就是快乐。

　　据我所知，这个概念是由伟大的印度哲人瑜伽阿南达首先提出的，因此我们姑且称之为"瑜伽阿南达基本动机律"（不过他本人从来没有这么说过）。说得更明白，迈向成熟的学习法则，就是体会到："人类所有奋斗的终极目标，就是要回避痛苦，实现快乐。"

　　这就完全要取决在你内心深处，你耕种了什么样的欲望。如同法国的俗谚："Le monde oulon s'amus e."

　　然而在人类欲望的浩瀚全景中，我们会看见某些行为模式获得举世的赞同或是不赞同。热不热爱爬山完全取决于个人观点。俗语说得好，品味是毋须辩解的。然而论及人格特质时，光讲品味不是重点。仁慈相对于残酷，慷慨相对于自私，镇静相对于紧张，开朗以及类似的积极态度相对于消极否定与郁郁寡欢，分享功劳相对于独占功劳，每个人身上都存在着不同程度的特征，即使是最自我中心的人也一样。至少在认知层次上，每个人都会去选择其中一项特质，而选择的结果会对个人生活带来关键性的影响。

这样的选择事实上比绝大多数人所理解的更为重大。不管我们讨论的是哪一种特质，我们所关心的议题可以下述简单而基本的陈述清楚明晰地阐释——借由正确的行为，一个人（就我们所谈的，意即孩子）可以避免痛苦降临自身；更重要的是，他可以提高自己的快乐程度。

第八章
人性化的学习过程

生命对我们最棒的教导就是：

享受我们所做的事情；

在课堂上的意义，

就是好好享受你的教学或学习。

我的一位童年好友，前英军驻远东司令雷德·葛瑞福爵士（Sir Roy Rcdgrave）曾向我表示："一个军团的个性是由领导风格来决定的。"

在企业界以及任何涉及群体的活动中，上述道理都是同样真实的。领导人或者领导群的精神决定了一个团体的特质。因此，培养那些具有领导潜力的孩童展现优秀的领导风格，是非常重要的。

在学校里，老师教育能力的培养也很重要。因为，如果孩子要根据这一套称为"生命教育"的新系统接受教育，无可避免的，教师首先得在这套系统下接受培训，以免过去习惯的教学方法再度出现。

要教导这些原则，特殊的教师培训研习非常有必要。但在传统科目上，也必须下很多工夫，以便在传授的过程中融入"生命教育"的基本原则。最重要的是，尽可能将整个学习历程人性化，让学习与学生真实的需求与兴趣产生关联。

以下是如何达成人性化目的一些建议。我希望这些建议能够帮助老师，并激发出他们更富创意的想法。

人性化的历史教育

历史老师应该谨记在心：不要把历史当成是"古时候的事"来教导，而应把历史视为学生目前及未来的人生借鉴。以英法百年战争中阿金库尔战役（the Battle of Agincourt）为例：

公元 1415 年，英王亨利五世在眼见战胜无望的劣势下，采用了一种前所未有的新战略，一举重挫了法国的精锐骑兵团。他的方法是：靠着步兵团，尤其是挥舞英国长矛的部队，由地面发动攻击。法国骑兵对于这种形态的作战毫无防备，结果死伤惨重。从那时候开始，战争的胜利就不再仰仗全副武装的骑兵了。阿金库尔一役不仅是英国人的胜利，也是运用常识激发灵感的胜利。

另外，历史上还有一场同样实力悬殊的战争，就是中世纪瑞士农民对抗贵族之战。农民能用的武器只有镰刀和草叉，而贵族则是骑着马，而且全副武装、盔甲齐备。农民采取的策略是：在战争前夕，将附近的河水引入战场。当时正是隆冬，河水在一夜之间冻结成滑不溜丢的冰。第二天早晨，当镇压者骑马出击时，所有马匹都失足滑倒，农民则是穿着草鞋稳稳地走在冰上，轻易地"修理"了这些贵族。

从上述以及类似的历史实例中，孩子可以学到什么样的实际经验？没错，他学到了要解决问题，得要寻找解答而非在问题中坐困愁城，也就是解答导向而非问题导向的思考模式。相反的，历史上著名的大失败，往往是因为人们老是想着他们的状况完全无法解决，而不抱持希望去寻觅出路造成的。

此外，孩子也会学习到，创新求变的能力远比一味鲁莽的暴力有用得多；坚毅果决的力量也远胜于强势者的骄傲自满。再者，孩子还可能学到，传统的做事方法不一定永远是最好的；有创意而且较妥当的问题处理方式，通常需要在想法上先退一步，然后才有空间思考比较好的解决办法。

历史充满了实例，我们可以在类似情境中转化成有用的借鉴。对学生说明历史时，如果能够与目前的实际需求相对照，学习的乐趣岂不是会大大提高？如果因此而没有时间说明这些历史中较不重要的日期、事件与人物，甚至略而不提，又有什么要紧？如果教师在教学内容上一定要有所选择，为什么不以学生的实际需求为标准来加以抉择呢？

人性化的语文教育

外国语文是一项重要的科目，在今日社会尤其重要。

一开始可以像其他人文学一样，先为学生安排说明语言的概论性课程，如此将会大有帮助。这样的课程可以包括：语言的演变过程、两种语言的基本差异、语词的来源以及语汇的使用如何影响思考模式等。

以罗曼语系与拉丁语系的语言为例。这些语言跟英文不一样，每一个名词都被赋予了性别。要以法文、西班牙文或意大利文造句，必须受到句中名词性质的限制；因此，唯有先知道这些名词是阴性或阳性，才能决定要用什么样的冠词、形容词和副词来搭配造句。

在使用上述各国语言时，不但要清楚知道自己想表达的概念是什么，还得清楚选择用来表达这个概念的词语的性质。这种不容妥协、讲究逻辑的语言，以它的优点和弱点，强烈塑造了这些国家人民观照生活的态度。

英文则和这些语言不同，它被当成直觉式的语言。英文句子说到一半，你可以临时抽换用词，换成另一个原先没有想到要使用的词汇——只因你现在认为，这样才能更贴切地表达你的意思。

语文学习的最终目的，是要帮助学生在心智上更具弹性——较能理解：其他人思考以及观看事情的方法，与自己在成长过程中养成的模式不尽相同。"尊重他人的心智发展"是迈向成熟的意义之一——意识到对方的具体性，并与之发生关联，而不只是固守自己的现实。为了避免上述分析给读者留下错误印象，以为我是在作价值判断，赞扬英语而贬抑法语与其他语言，因此我必须补充说明：成熟是非常复杂的议题，不能完全由太过简化的分析——像是某种语言的外在修辞之类——来决定。

无论如何，"生命教育"的重点，不只是要让学生从教导的内容中汲取道德教训。过分道德化的诠释可能会使学习变得单调乏味、死气沉沉，即使它的立意完全是为了引导学生迈向更深刻的理解。事实上，生命对我们最棒的教导就是：享受我们所做的事情；在课堂上的意义，就是好好享受你的教学或学习。

从这个角度来看，传统教育方法根深蒂固地传授固定不变的知识内容，的确很容易流于呆板。学习的历程应该根植于生命本身，也因此——对老师和学生而言都一样——教育就会成为让每一天都觉得新鲜与惊喜的事。如果一位老师能真正享受自己所教的内容，并在学生身上激发相同的愉悦，他就已经掌握了"生命教育"系统的一个核心重点。

传统教学法几乎无法帮助一般学生激荡出有创意的心智视野，这是因为传统教学着重事实，而事实本身就是静态的，过度执著于记忆事实，这会大大抑阻动态的创造性思维。而以这种方式教学的老师，则很容易落入墨守成规的窠臼，而且深陷不能自拔，对于任何企图拉他们一把的人或建议，他们可能会怒目而视。

许多老师所举的实例总是无法激发学生的想像力。就拿语文教学来说吧，我曾经看过一本为懂英语的观光客编写的德国旅行指南，内容陈腐无聊得可笑，里面的实用会话教学竟出现这样的句子："住手，理发师，你把刷子放到我嘴巴里了！"然而，在语言教学中，我们能做的可多着呢。例如，鼓励学生在学意大利语时，也要了解意大利人，学法语时则要认识法国人，诸如此类的。学习语言的艺术，在于必须让自己大幅度地"调整频道"，以便融入说这种语言的民族的文化意识之中。

每一种语言都有独特的"音调"，也就是"腔调"。我认为，腔调本身的重要性和语言的语汇文法旗鼓相当，因为腔调蕴涵了语言的"内在情感"。单只有语汇和文法的语言就像世界语（Esperanto）一样——纵然有趣，本质上却十分空洞。如果你无法抽离自身所属民族的意识与态度，你就无法掌握另一种语言的精髓。我们都听过这样的忠告："学习用你正在学的语言来思考。"事实上，不只是要思考，如果你想要学法语，就要把自己的态度变成法国人；学德语，就要成为德国人；学意大利语就得像意大利人，甚至穿着打扮、动作姿态都融入角色也无妨。但是，你一定要把害羞的天性摆在一旁，大方地运用嘴唇、舌头及脸颊，学习以自己不习惯但却必要的发音方式，像说母语一般地讲话。孩童可以从这样的练习中得到莫大的乐趣。（我绝对不会忘记自己在面对意大利语开口音的"A"时，所遭遇的大挑战：在我致力于学习意大利语的过程中，要正确发出"A"这个音，其艰难的程度几乎可比拟徒步横越撒哈拉沙漠。）

我们已经知道了"音调"的重要性，而"韵律"也同样重要。每一种语言都有其独特的节奏，这就是韵律。音调与韵律是音乐的内涵，音乐是另一种沟通形式，与文字语汇全然不同。缺少了音调与韵律，很多意思便无法完整表达。而且我敢说，不学这两样，人们就永远无法将一种语言学得完美，甚至学不好。

生命教育　　　　47

或许正是在语言的学习上，缺乏想像力的理论式学习法会暴露出它最大的弱点。大多数人都曾经历过学习词性变化的枯燥乏味；拉丁文动词的"amo－amas－amaffing"，甚至把活生生的语言呈现得宛若它们已经死亡，成了僵尸。有一次我在《纽约客》杂志上看到一幅漫画，画的是某家巴黎商店贴出了一张告示，上面写着："店内只准说学院式法语。"（讽刺美国人学语言时只学理论。）

谈谈我自己的经验吧。我还记得我的法文成绩很不好，但事实上，我小时候在说法语的瑞士待过一年半，我的法语讲得比老师还溜（至少老师是这么说的）。然而，我是透过"说"来学习法语的，因此实在没有办法将我认识的这种生活化语言，跟课堂上老师发给我们背诵的呆板无趣讲义联想在一起。

为什么不将对语言本身所属民族文化——他们的历史、民族性以及英雄人物——的研究，也纳入语言的学习范畴中呢？换句话说，为什么不由语言的内在精髓学起？例如，学习意大利文时，我们发自内心地认同意大利民族，而不是把他们当成"疯狂的民族，有一种怪异倾向，每一个字都要用'a'来结束"的话，将会对学习大有助益。但是如果学生在课堂上学到的，只是在夸张句子中夹缠不清的动词形态，那么也就难怪意大利人和他们高贵的语言会带给孩子如此怪异的印象了。

从生命教育的立论来看，学习一个课题时，由内在核心来接近这个课题的本质，远比在课题表面探索的收获要多得多。修炼这种冶学功夫的法门是，不管研习哪一门学科，都要完全沉浸其中。

如果在学习过程中，必须逾越传统的教学界限，那又如何呢？

一位语言教师在教意大利语的同时，还要讲解一些意大利历史，这可能稍微侵犯了历史老师的领域。然而，让学生从更宽广的角度来看历史，又有什么不好呢？

正规教育之所以各行其道，而丧失了各学科之间的潜在关联，部分原因的确是严格分科的结果。分科式的知识学习，有点像是在研究人体时，先单独研究头，再单独研究肺，然后分别检查肠子以及其他器官，却忽视了器官之间的相互关联。医学教育如果真的也是如此，那就大错特错了。

我常有一个有趣的构想，虽然很不幸的，我看不到这个构想会有很快在学校施行的可能性，不过为了将来的学生，我想还是值得在这里提出来的，那就是：让某一段时期内的各科学习，都绕着一个概括性，且与各门学科都有关联的主题来进行。

我之所以会有这个想法，是因为有一次我投注全副心力，花了两星期的时间单单研习英文语法，结果得到高分。在正规课程中，这样的学习成果很可能需要花一年时间才能达成。花这么长的时间，还得在这门学科与其他四五种学科之间来回转移注意力，每一天还要完成各科作业，结果反而让我对所有学科产生排斥与厌恶，因而无法得到应有的收获，包括英文语法。我很确定，以这种方式学习一年的效果，绝对比不上我在短短两个星期内专注学习所得的。因此我心想，如果这样的专注可以用在每一门学科上该有多好。然而绝大多数的年轻人心智太过飞扬浮躁，无法一次只专注于一门科目。于是我想了一个两全其美的办法，就是：针对单一主题安排各种学科的课程，如此一来，所有的学科将相辅相成，帮助学生真正投入当下的学习。

虽然这仍只是一个构想，但是我得承认，我喜欢。

人性化的数学教育

同样的，教数学的时候，在课程中加入数学史，可以引起学生相当大的兴趣。此外，研读伟大数学家的生平事迹，以及这些数学家为了让自己的心血结晶能被接受所面临的挑战，同样也会使数学课变得不那么枯燥乏味。

伟大的数学家通常都能感受到数字的动人之处——然而大多数的数学老师却很少在课堂上带出这种感觉，或者甚至他们根本无法想象。

毕达哥拉斯将数学应用在音乐的学习上，这是多么令人着迷的主题，但在现代课堂上却几乎未被提及。

要引起学生对代数有深厚而实际的兴趣，莫过于学习日常生活中符号逻辑的重要性——将复杂的现实以符号清楚定义，这是一个将现实抽丝剥茧、简化思维的好办法。认识符号性思考的优、缺点，也是另一个有趣而且重要的学习。

无论是有意或无意识，在生活的各个层面，人们常会运用符号性思考。例如，我们会运用符号表达情绪：表面上是在描述一个事件，但其实是要表达自己的某种心情，而且期待别人能了解。诗的象征性也是符号性思考的应用。例如，以"雨"暗喻悲伤，或用"春花"象征新的开始。然而，学会分辨象征符号与真实想法也是非常重要的课题——换句话说，就是学习不要混淆定义和真实。

另一方面，对于低年级的学童，当他们面对数学中既定不变的运算规则时，教师应该强调接受与适应事实真相的重要性。二加二永远等于四，这是不能随性任意改变的。在某些事情上，孩子可能已经习惯了遂行己意，但是现实生活中有许多事是无论你如何许愿、向往，都不可能改变的，数学运算就是最佳例证。

教师甚至还可以教导学童一件事——不同形态的人类活动，需要不同的能量导向。举例来说，语言和音乐需要比较专注于心灵的能量，属于"感觉"能量；另一方面，数学和逻辑则比较偏向心智能量——如同印度瑜伽修行者的说法：当心神聚焦于身体的专注中枢，即两眉之间，就比较容易掌握数学和逻辑的概念。

一个人想要精通任何学科，都必须认同那门学科的特殊意识状态：要学数学，就必须试着像一名数学家般思考；要学法文，就必须试着像个法国人般思考；要学烹饪，得像厨师般思考；要学滑雪，就必须表现出如优秀滑雪者般的态度。

幻想的重要

特别是对小小孩而言，幻想的重要性不应该受到忽视。例如，教历史时，可以想象是一名搭乘时光机回到古时候的孩童，透过他的眼睛来看历史，同时把眼前所见与现实生活联想在一起。

地理也一样。教地理时，可以像是透过到远方旅行的男孩或女孩的眼睛来看异国风光，并且从他们切身的现实角度来体验。

在每一个领域，即使是最单调平凡的课题，都可以找到无数的机会，以创意活用生命教育的原则，让各门学科更为可亲，而不再那么抽象、生硬。

第九章

经验的重要性

当老师说："现在我们要来体验，
原谅别人是多么好的行为"时，
不仅是营造了不自然的情境，
也等于鼓励表面上的肤浅回应。

教导传统学科时，教师可以做很多事来帮助孩子了解生活的艺术。然而，为了认真为孩子提供"生命教育"，同样也必须让教师接受这种教学艺术的特别培训，包括特殊的课程以及课堂之外的经验。

从生活经验中学习

从知性上来理解如何生活永远是不够的，即使是像代数这样知性的一门学科。以高效率教学方式而著称的约翰·萨克森（John Saxon），为我们示范了持续不断的练习对于帮助学生打好基础的重要性。

萨克森极具说服力地告诉许多老师：尽量以幽默的方式呈现问题，并以真实生活中的情况来举例。在著作《代数Ⅰ》（*Algebra* Ⅰ）里，他如此写道："在忏悔节的舞会上，宾客有的喝酒，有的喧闹，直到深夜。如果喝酒者和喧闹者的比例是 7∶5，而全部出席都是 108 人。请问喧闹者有多少人？"通常学生会觉得这样的题目比"计算装满水泥的卡车和独轮手推车的比例"有趣多了。一般数学题的陈述方式总是不让学生有乐趣可言，几乎就像是恶名昭彰的"清教徒伦理"（Protestant ethic）："如果你乐在其中，那就绝非好事。"

即使是传统的学习，也不是只有知识的阐述，还必须累积重复练习的经验。从这点看来，本书重视的贴近"生活价值"这个观点，实在是太不证自明了。

嗯，再想一想，说它"不证自明"或许是太乐观了。因为今日的社会，好像信奉教条一样牢牢固守着这样的概念："为事物下定义是了解事物的方法。"事实上，所有的教学都在黑板上完成，只不过是"拼字出来，你就会了解"的各种变形。

许多精神科医师认为，让病患"看见"医生所强调的重点，他的任务就完成了。"是的，医生，没有错，我的自我形象低落。"非常好，然后呢？即使病人真的做到了这一点，治疗效果有多大？

我认识许多非常聪慧的人，非常自豪于了解自我的深度与敏锐度，然而他们却从未踏出迈向自我升华的脚步。仿佛理解并接受自己需要改变的事实之后，改变就会自行发生了！

通常状况似乎是：一个人越聪明，就越难采取积极的行动去认真实践。

当然，我并不是在质疑智商的本质。在任何需要努力的领域之中，最了不起的事迹总是由特别聪慧的人所成就的。把我的想法说得再精确一点，其实我要质疑的是那些智商高却犹疑不前的人，他们的智力反而让他们自绝于客观现实之外，或者说是让他们只是仅止于阅读或思考现实，就心满意足了。这样的思维只会瘫痪意志。

事实上，这就是我在前面几章已经指出的，现代教育体系的根本弱点：涉入这个系统越深的人——教师以及教授——通常就是那些最抗拒改变的人。他们偏好理论化，也因此而倾向不去真正实践任何事情。

即使是在传授标准课程，以"生命教育"的原则来教导学生，也能获得许多成果。然而，还是必须设计特别课程来教导孩子生活的艺术。这样的课程必须充满了故事范例、实际举证以及有用的技巧，让孩子可以在教室和家里练习。

一定要有的课程是：自我表达、了解自己和别人、与人合作的好处、成功的真实意义、做任何事都能获得成就、如何正面影响他人、令人欢喜的自律、正确与积极态度的重要、专注的技巧、培养记忆力、解决问题的一般方法、获得真正快乐的秘诀等等。上述的清单绝对还不够完备，我只是想建议一些方向。如果真的去实行，你会发现永远有新的可能性。在这里，我只要说明课程的安排应该尽量诉诸经验，而不要只是说教，这样就足够了。

机会教育

除了上课之外，教师还应该留下时间进行随机性较高、较偏向个人特质的教育，也就是所谓的"机会教育"。遗憾的是，在这方面，由于目前绝大多数的教育还是只在白天进行，因此能做的课外教育很有限。如果孩子整个学期都能全天候地在学校生活，课外教育的效果就大多了。

著名的精神导师瑜伽阿南达，在印度兰契（Ranchi）主持他所创设的男孩住宿学校期间，发现有两名学生是死对头。他企图辅导他们，然而他想要给予忠告的企图最后还是失败了，因为他们缺乏动机去"埋葬刀斧"讲和。

于是，他安排这两个学生睡同一张床铺。刚开始，这两个小家伙不是争吵不休，就是维持表面和平而暗地怀恨。一段时间之后，他们对于这样的日夜争吵有些吃不消，于是决定讲和。渐渐的，他们真的变成了朋友。

几星期之后，瑜伽阿南达决定让他们更深刻地将教训铭记心头。于是，他趁他们睡觉时，蹑手蹑脚地走到他们床头，悄悄地

生命教育　　**55**

伸手轻敲其中一个小朋友的额头，然后马上把手缩回来。

被敲头的男孩愤怒地从床上坐起，指责同伴破坏了和平。

"我没有打你，我发誓！"另外那个男孩喊道，并且一脸无辜地睁大了眼睛。

于是两人又躺下睡觉。过了几分钟，当他们再度沉沉入睡时，瑜伽阿南达又轻拍了另一个男孩的额头。

"我告诉过你我没有敲你的头！"第二位男孩气得大叫。正当他们要大打出手时，一抬头，发现校长正满脸笑意地注视着他们。

"噢，"他们吃惊地大喊，"是你！"

有了这个经验，他们了解了先前彼此冤枉的可笑，因而更加巩固了往后的友谊。

我承认，这样的教导需要正确的时机以及合适的老师。然而，日间教育的局限使得这种深层的训练更加困难。有智慧的老师难以寻觅，也使得教师培训绝对必要；同样必要的是，社会应该大大提高对老师的尊敬与感谢之情。

而如果依据目前的教育现况，能够达成哪些成果呢？

即使是在最平常的情境里，老师试图直接将经验传达给孩子时，还是免不了会出现矫揉造作的刻板教训。当老师说："现在我们要来体验，原谅别人是多么好的行为"，不仅是营造了不自然的情境，同时也等于是鼓励仅止于表面的肤浅回应。

因此，很显然的，教师必须敏于觉察孩子生活中实际发生的情境，并且迅速加以回应。要考验一名教师的智慧，就要看他是否有能力辨识出问题，敏感且适当地回应。

举例来说，如果有一个老师总是热切地抓住每一个机会，不断地唠叨教训学生什么是生活的艺术，则对关于人类价值所有教诲的怨恨，很可能就会在学生心中渐渐滋长。

我认识的一个老师，就是因为这样的热心过度而徒增烦恼。有一天，他班上的一个女孩在骑脚踏车时出了意外。她蜷缩着躺在学校的车道上，哀哀哭泣。这时，这位老师在她身旁蹲了下来。

"现在，南丝，"他坚持要求，"分析你的想法。为什么你会出意外？对自己要诚实。你试图逃避什么事，不是吗？你看不出来是自己造成了这场意外吗？"

可怜的孩子，当时她所需要的不过是一些安慰与同情。即使那位老师的观点是正确的，他相信她的需求起因于深藏的自我欺骗，那又如何呢？人们总是以无数的方法欺瞒自己。在她最脆弱的情况下，这位老师以这样一个显而易见的问题责备她，显示出令人无法忍受的优越感，同时也暴露出他坚信自己不可能犯错的骄傲。

当孩子哭泣时，应该安慰他，等他冷静下来，会更愿意从理性的角度思考整件事。甚至，说不定他需要的根本就不是理性思考。

事实上，要明智地应付生活的各种状况，已经是够难的了；而为了教育目的，用人为的方式刻意营造情境，那可就是难上加难啰！

充满乐趣的想象学习法

其实，经过深思的人为安排，以想象的方式演出故事、小短剧，或者一段故事，鼓励孩子回应和口头参与，还是可以达到很好的生活教育效果的。甚至，孩子可以为自己上一堂十分精彩的课。例如，有一种游戏，是世界各地，不分种族、文化或国籍，每个小孩都会玩，而且百玩不厌的，是什么？过家家。

"强尼，你当龙。珍妮，你是公主。我是前往城堡拯救她的王子，我骑一匹白马，高举着闪亮的宝剑。"

"这是龙。以前他本来是一名士兵，想要保护他的公主。有一天，他击退了想把公主抢去关在地窖里的邪恶巫师，巫师就施展法术把他变成一条龙，而且变得和其他的龙一样，坏心眼且凶恶。"

"现在，这条龙不会让任何人接近他的公主，而且因为诅咒的关系，它呼吸时会喷火，使得方圆几十里的土地都没有人敢靠近。没有骑士可以消灭它，不管他的武器多么尖利闪亮。"

"然而如果有人能够发自内心地宽恕它，他的宽恕就可以破解巫师的邪恶咒语。透过宽恕，这条龙将会变回一名忠诚的好士兵，而拯救他的勇敢骑士将会娶得公主。"

孩子可能会乐此不疲地想象，龙拒绝了各种不是由发自内心真诚所表现出来的宽恕。

帮助孩子以崭新的眼光去洞察日常生活遭遇的难题时，我们必须明白一个重点，那就是：以智能来了解问题不但不够，而且往往根本无济于事。真正重要的是，他们会找到让自己快乐地朝着新方向迈进的动机。

歌声代替训诫

　　说到这里，我想起了圣方济的一则故事。有一天，圣方济和一小群修士走在乡村小道上，愉悦地歌颂上帝的大爱。突然，路边出现一名陌生人，跪倒在圣方济面前，恳求进入他的修行团体，圣方济慈爱地接纳了他。

　　这位后来被称为伊莱士修士的男子，从此加入了散步的行列。事实上，他看起来比较像学者，而不是献身于虔诚祷告生活的修行者。往后几年，他成了方济会的会长。由于他热衷于分析，从此，早期方济会闻名于世的自由与自然不造作的精神渐渐消失。

　　然而，在他加入的那天，他就是这么热切地向这群修士详细分析，陈述他决定加入他们的理由，以及方济会对那个时代社会的重要性的。

　　但是原本走路时歌唱不歇的修士们，在学会分析之后，他们的歌声竟然消失了，只能在不自在的沉默中继续走路。

　　谁愿意扼杀一个孩子心中的歌？与其大费周章地解释和谐生活的益处，为什么不让孩子单纯地去实践？行动远远胜过言辞，而且能帮助看见积极正向的远景。

　　歌唱是一种奇妙的治疗，没有必要向孩子解释歌唱为什么会有治疗效果，只要让他开口唱歌就好了。音乐是最好的方法之一，可以带出孩子最美好的一面。

　　此外，跳舞是另一个绝佳办法。身体的律动与心智的成长有密切的关联。

孩子们懂得自由运用身体，也会有助于自我肯定。举例来说，他们可以精神抖擞地走到他们的位置，这样做的同时就是在肯定自己："我准备好了！"下一步，让他们尽力伸展手臂——首先向两旁伸出去，然后向前伸直，再高举过头。这样也是在肯定自己："我是积极进取的，精力充沛，热情洋溢！"接着，他们可以用手掌用力摩擦身体，确认："振作起来吧！欢天喜地，我的身体细胞！"接下来，指导他们用手指轻轻地按摩头，重复说："高兴起来，我的脑袋！要有智慧而且强壮！"

他们可以利用舞蹈向中心集中的动作来肯定自我："在我的内在核心，我和平宁静地活着。"

一些向外伸展的舞蹈动作则可以用来肯定："我满怀着爱伸展出来，帮助地球上的其他生物。"

伴随向上伸展的动作是肯定："我的内在向上攀升到高峰。"

向下的姿势伴随的肯定是："我向下伸展，提起所有哭泣的人。"

充满活力的舞步和手势可以伴随着类似句子："虽然烦恼接踵而至，我一一克服了！"

还有一些瑜伽式动作，伴随着相应的肯定句，也有显著的效果，可以安定孩子的整个身体，并且赋予他们活力。

同样，画画也是引导孩子情感的方法之一。孩子会在画画中将情感具体形象化。如果这些情感是建设性的，就应强调并鼓励之；如果是破坏性的，则可以重新引导，把他带到积极肯定的方向。

再者，和孩子一起分享任何活动，都可帮助他们驾驭过剩的能量，予以积极正向的导向。

在整个教学过程中，千万不要低估了兴趣的重要性。往往是在轻松恬然的时刻，心智快活愉悦，因而帮助孩子吸收了最根本、最重要的课程。

第十章

真正的教育是自我教育

除非孩子本身就想学习，
否则无论教了多少，
都无法保证他会吸收。

俗语说得好："师父领进门，修行在个人。"

一如我在前面章节所强调的，要求一个孩子自己决定应该学什么是不切实际的。孩子不明白事实的真相，因而无法做出成熟的决定。关于这点，我们已经谈过不少。另一个同样真实的前提是：除非孩子本身就想学习，否则无论教了多少，都无法保证他会吸收。有效的教学需要学生自己愿意合作，这样的意愿必须是自动自发的，勉强是不行的。

帮助孩子，使他们愿意主动学习

所以，不管你推行哪一套教育体系，都必须具有足够的弹性，以此来适应学生们五花八门且不断改变的需求。教育必须以学生的需求为导向。也许老师为学生准备了一套很棒的教学内容，但是如果他的学生还没有准备好要接受，他的当务之急应该是协助学生明白并接受他的教材，不然就换一种教学内容，教导学生所可以接受的内容。

老师们常表现出一种错误倾向："不强求听众都接受自己所说的内容，只要对自己交代得过去就可以了。"几乎所有科目的老师都是如此。但是，一场良好的讲述，不论是一堂课或是一场演讲，在意义上永远是一场对话。即使是一个人独撑大局，从头说到尾，真正优秀的演说者还是会"倾听"他的听众——从脸上的表情、肢体动作以及其他细微反应，明白听众的想法，同时予以回应。讲者越是敏感，就越有能力意识到观众的需求，包括团体与个人。团体经常会因共同的感受而产生共同意识，敏锐的演讲者可以捕捉到这种集体意识并予以回应。通常团体越大，集体意识就越强。

在一场两千人的演讲会中，观众集体对话的意识将远胜过只有六个观众的演说。

如果说话的对象是孩子，演说者与团体对话的方式可能较不一样，特别是在讨论抽象原则或观念的时候。在这种情况下，对话必须以较偏重字面意思的方式来进行，不要有太多暗喻或跳跃式的推论。在低年级的教育阶段，老师必须密切关注每一位孩童。如果可能的话，应该维持小班制，留心观察个别反应，同时记下能够吸引孩子注意力和兴趣的方法。

根据特质与性向，人（包括孩子）大致可以被分成几种基本类型。不同类型的人各有其关心的主要焦点：身体意识、情感与情绪、意志以及智能。面对较关心身体意识的孩子与较重思考的孩子，需要强调的重点大不相同；有些孩子则喜欢回应关于情感的讲题；另外，也有些孩子在意志受到挑战时，最有回应。在大人提出指示时，有些孩子会向大人要求合理的解释，有些孩子则只对坚定的命令有反应。没有一条规则适用于所有的孩子。

记得有一次，父亲认为我和弟弟做错事情，因而责打我们。然而，我们两个孩子可不觉得自己犯了什么错。在我们看来，我们只不过是帮忙美化浴室而已——拿螺丝刀在新漆好的墙上刻大星星。

我弟弟鲍伯生性比我更偏重身体导向，他将这顿责打视为理所当然，没多久就把这事忘得一干二净了。而我的天性较重思考，老是在思索："为什么？"对我而言，我们的行为是好意，也应该被看成是好意，为此挨打可以说是伤害了公平正义。几星期之后，我瞪视着父亲，质问他："为什么你要打我？"我要求他解释。而他也不愧是位好父亲，立刻承认他错了，而且此后他再也没有打过我。

建立特质档案

老师或学校应该为每一位孩子准备一份个人档案，里面详细记录这个孩子的明显特质、对纪律及指令的反应，以及针对他个人未来"生命教育"的建议方向。这样一来将对孩子们的教学大有帮助。

所有的孩子都可能具有上述四种基本类型的特质：身体、情绪、意志导向、偏重思考，但没有人单单只属于其中一种类型。事实上，完整的人就是朝这四个方向均衡发展的人。在后面的篇章会提到，身体、情感、意志力及智能四大层面是每个人都有的基本"工具"，用以面对人生。

此外，在与孩子对话时还应考虑某些相互对立的特质：孩子的天性是爽朗宽广还是拘谨退缩，是外向或内敛、积极正面的自我肯定或负面否定、建设性或破坏性、想像力丰富或实事求是、创造力强或模仿力强、主动或被动，以及自有主张抑或柔顺服从？

在上述这些两两对立的特质中，人们通常会认为前面的特质优于后者。例如，一般人总认为外向的小孩适应力一定强过内敛的小孩。但是，这样的假设实在太过粗糙和简化了，这种假设的观点仿佛意味着：适应不良是因为这个孩子过于着重内省，因而老是意识到自己的短处？事实上，内敛并没有什么不好，必须有所内省，人们才会意识到如何与他人有意义地沟通；而即使是创意十足的天才，也会有内省的倾向。

在这许多的对立特质中，后者并不是缺陷，也不一定要大费周章地将它扭转成前者。只要加以琢磨精炼，开发它的正向潜能，你甚至会发现它其实是一项美德。

例如，顺服比自我主张更容易发展出合作的意愿；实事求是的心灵或许永远创造不出充满想像力的作品，但却比较容易对实用科学产生兴趣。因此，某种特质或许在某种状况下是短处，在另一个情况中却可能是美德。

总而言之，重点是要善用并引导孩子的特质，而不要老是担心他的弱点。通常，孩子对这种积极肯定的处理方法，会有相当好的回应。

然而在某些相对的特质中，还是应该有所选择。例如，负向思考与破坏性向来就是不受欢迎的特质，因此应该多花些力气将它们扭转到积极正向的方向。总之，面对孩子的种种特质，必须要有敏锐的洞察力，才能明智以待。

基本教条造成的障碍

在现代教育中，有一项基本教义，阻碍了辨明种种特质的敏锐度。

教义？或者称为教条可能更恰当。现代社会有一条独特的信念——谁要挑战它就得冒着生命危险——"人类在各方面都是生而平等的，包括天生的各种能力"。但是，众所皆知的格言"人生而平等"可不是这个意思，因为这样完全不符合所有的人类经验。

需要说明的是，所有人都是生而平等的；或者说身为人类的一分子，所有人类都有同样的权利，按照自己的能力立身处世、发展自己的天分，并且根据自己的天赋去实现合理的愿望；甚至从哲学的层次来看，也可以说所有人都有潜力，可以获得较好的成就。

但是，说"不论古今中外，所有人都同样能干，同样有才华，同样能够获得成功"，却又是另一回事了。人人都可看出，事实并非如此。而聪明的教育人士竟可以这样蒙蔽自己，盲于如此显而易见的事实，这正是知识分子自欺功力的最佳例证。

　　比谬误本身更糟糕的是（毕竟我们都会犯错）因这种错误而产生的自欺型的自大心态。你听过多少人声称"我可是和其他任何人一样好"？不计其数！

　　在哪一方面一样好？或者如此宣告的人，他们的意思就只是指"好"？换句话说，他们是否认为自己和任何圣人一样有德行，同时身上没有一样特性是需要努力改进的？是否别人之所以受欢迎或是在世界上有更广泛的影响，只是因为这些人得天独厚运气好？是否居高位的那些人，因为忌妒他们的才华，因而不肯给予他们应得的机会？

　　多么愚蠢！然而，赞同这一套愚蠢说法的人却不在少数。他们应该为现代社会中绝大部分的愤怒与敌意负责。

　　在教室里，将真正平等视同于"齐头式平等"的倾向，已经导致聪明才智被埋没，而平庸者受到过分照顾。

　　现代教育的前提，是要配合大多数学生的程度。然而，这却是一种投降，不断地牺牲了真正的事实。人会认为配合一般程度的教学方式，是对教学品质的提升。事实上，强调"教学只要针对一般程度就好了"的想法，正暗示着教学品质必须向下调整。而一旦教学品质开始向下滑落，就会一泻千里，最后甚至连一般程度的学生都照顾不好。

　　许多好心的老师这样实行的结果，是将他们极大部分的关心，投注在最愚笨的学生身上，对于一般资质的学童只能敷衍了事，

而对于天资聪慧的学生则是根本漠不关心。这种教育方式导致的必然结果就是：聪慧的学生被剥夺了接受挑战的权利，上课变得非常无聊。通常也就是这类的聪明学生，因为受到这样的对待，只好另寻其乐，最后就变成了"问题"学生。

现代教育的最终成果是什么呢？受过现代教育的人，阅读报纸头条游刃有余，但是接触书籍却多少有点茫然，因而逃避阅读。取而代之的是，接受电视所提供的"精神粮食"。

当然，智力只是全面评估学生能力的标准之一。不过，很显然的，并非所有学生都一样聪明。同样的，他们也不是一样敏锐、富有创造力、善于接纳、精力充沛、自动自发，或者其实是任何方面都不一样的。在这个没有两个人指纹相同的世界上，人类能力的多样性可以说是无限的。

那么，我们是否可以将这些能力发展的各种进展程度逐一划分？以智力为例，这样的逐步进展多少是可以区辨的。然而，我们也需要有助于孩子天性全面发展的概括性评鉴标准。

第十一章

逐渐发展

在精神比重这个简易的评量中，
藏有一把金钥匙，
可以打开通向孩子心灵成熟的大门。

一天，我的一位朋友深陷负面情绪的泥沼，而企图从一个全面性的绝望角度定义人生。他挑战我，要我举出足以让他改变悲观想法的例子。结果当然不难预料：尽管我试了又试，却仍是徒劳无功。因为如果一个人希望自己不快乐，世上就没有任何人能让他快乐起来。

但是我突然有了灵感。"我并不是真的那么担心你，"我说，"因为，每个人都拥有独特的精神比重，经过一阵子的暂时沮丧或沉溺之后，就会自然而然地回复。""只要放轻松，回到自我，你的比重，"我说，"可以让你浮上来，我确定你一两天之内就会自然恢复，不需要我的任何帮忙。"

这个说法说服了他。结果也真如我所料。

物理的联想

非常有用的灵感。我们都知道，根据物理学的观点，物体的上升与下沉，是根据它们与周围环境的相对比重（specific gravity）而定。以孩子手中的气球为例，如果气球里灌满了比重低于周围空气的氢气，一旦孩子松手，气球会立刻升空，而且不断往上飘，直到空气较稀薄、和它比重相当的地方才停下来。将某个物体丢进水里，如果它的比重大于水，就会下沉；比重小于水则会浮起。

我注意到人也是一样的，假设人的精神意识或是周围情境也有比重，有些人的天性沉重，有些人则天性轻盈。天生积极乐观的人，即使面对严重的挫折，依旧斗志昂扬；而悲观倾向的人，遇到相同的考验冲击，可能就会沉到谷底。

第二次世界大战期间，有些身陷德国集中营的俘虏，他们抱着积极的展望，因而超越了这个残酷人类悲剧的冲击，保持着积极乐观的态度，变得非常慈悲、宽大而且有智慧；另一方面，我们也会遇到有人不停地抱怨他们的命运——他们不一定真的是命运多灾，有时纯粹只因烦闷无聊。

人类意识的"比重"（specific gravity），是人们之所以消极或积极的原因。以"轻盈"（light）或"沉重"（heavy）这两个字眼来描述其间的差异，或许你会觉得很新奇，然而却非常贴切。事实上，据我所知，所有的语言都有从比重观点描述正面或负面心态的语词和说法。

我们会这样形容快乐的心情："情绪高亢"、"感觉飘飘然"，或者"好像飞在云端"；而在心情郁闷时，会说："情绪低落"、"垂头丧气"，或者是"跌到谷底"。一个人感觉精神沉重时不可能会说："我好轻松！"快乐的感觉是由不断上升的意识彰显的——从沉重向轻盈伸展的意识。

这个物理学的比喻不只适用于精神意识状态，还适用于人类的许多层面。例如，某些特质——懒惰或者嫉妒——是将身体的中枢能量往下拉；而一些好的特质——仁慈或自动自发的精神——则会提升中枢能量。

如果我们从这个观点来研究人格特质，或许可以找出一个概括性的发展原则，来适合教师用以指导学童。

心灵的轻盈与沉重

重点是，要辨别一个孩子的比重——这里指的是恒久的特质而不只是一时的情绪——是否有可能改善，或者说"变得轻盈"。

教师应该特别去关注这种基本天性。

让我们思考一下上一章提到的一些对立特质。为了帮读者恢复记忆，我再列举如下：

一、爽朗宽广/拘谨退缩

二、外向/内敛

三、正面肯定/负面否定

四、建设性/破坏性

五、想像力丰富/实事求是

六、创造力强/模仿力强

七、主动/被动

八、自有主张/柔顺服从

在这些特质中，没有一种是静态或绝对的。它们呈现出从一个方向到另一个方向的进展或退步，向上或向下。

第一对特质——爽朗宽广相对于拘谨退缩——给了我们最好的线索，以研究如何将"比重"概念普遍应用在人性特质上。充满氦气的气球会上升，石头会沉入湖底：氦气和石头的差别就在于它们特定的密度。同样的，如果人的意识向外伸展扩张时，它是"轻盈"的，向内紧缩时就变成"沉重"了。面对问题时，具有爽朗宽广特质的人会以宽广的眼光来看待，以解决问题为导向，因此属于轻盈的特质；拘谨退缩的人容易只看到问题，忽略了其他事实，而心事重重，因此属于沉重特质。

想象人的意识是由无数极微小的分子组成，就像空气中的尘埃那样。尘埃如果聚合在一起，就会成为坚硬的土块。同理，想象一下我们的意识"分子"，当它们散布在广阔的空间中，就会轻盈无比；如果挤在一起，形成"一大块"自我中心的意识，那就变得沉重不堪了。伴随着爽朗宽广而来的，是具有同情心、能接纳其他人的真实。具备爽朗宽广的特质，意识的"分子"就会上扬，如同气球向上飞升。

一个人的同情心越能向外扩展，去拥抱家人、朋友、邻居、国家、人类、万物，他们的意识"分子"就会变得越来越轻盈，伸展性就越强，就能通往更自由的觉知状态。

自私的人是"沉重"的，因为他们只关心自己，热衷于自己。甚者，自私的人因其沉重的气质，总是快乐不起来，消极否定、郁郁寡欢。相对的，不自私的人经常是雀跃欢喜、积极肯定的。

因此，治愈不快乐及负面心态的方法，并不是如自私者的想法，加强关心自己，而是要忘掉自己，专注于他人的福祉。

不是所有孩子都容易产生自我奋进的动机，解决的办法就是尽可能让他们处于意识"轻盈"的群体中。

各式各样的心理特征都具有"比重"或"心理密度"。伸展开阔、快乐以及积极肯定的心态，展现了心灵的轻盈。拘谨退缩、不快乐以及消极否定则呈现出心灵的沉重。

介于两者之间呢？

不过，如果将所有对立的特质都描述成轻盈或沉重，就会过于简化轻率。举例来说，个性外向相对于心智上的内敛，表面上看来，外向的特质似乎较开阔伸展。然而，如果我们从精神比重的观点来检视拥有上述对立特质的小孩，会发现光看表面是不够正确的。因为外向的天性通常是自我本位、自我中心的——向他人寻求赞同、认可与情绪支持，而不是给予这样的支持。另一方面，内敛的天性则有可能只是喜欢沉思，却不一定是只关心自己，有可能是在内在的伸展开阔中享受着非比寻常的轻盈。

大人应该从内在，而非肤浅的外在，来了解每一个孩子。

那么，外在而自我中心的天性，是否应该和怠惰迟缓一样被归入"沉重"的范畴？恐怕也是不能。换句话说，"轻盈"、"沉重"是相互比较而来的，"轻"和"重"不能随意认定，而且太过于黑白分明，无法说明夹在中间的灰色地带。

因此必须有第三个定义来涵括中间状态的描述，同时解释比较正面或者比较负面的表现渐层。中间型定义有助于解释自我与自我中心的区别，或者是自我觉察与自我设限的分野。人类高度发展的知觉（相较于低等动物）加强了自我觉察的能力。必须要有自我意识的觉醒，才能刺激自我迈向精进；而自我设限则会阻碍自我精进，因为它会封锁住不断提升的觉知状态。

事实上，只有一件事，可以让一个人脱离精神蒙昧的深渊，就是：向上升华，摆脱愚钝、怠惰、绝望等沉重特质。愚钝的心灵甚至无法和"升华"这个特质发生关联。从心智鲁钝通往高度觉知的桥梁，是建筑在某种热烈的心智活动上的。对于自我设限的孩子，要他运用想像力、冥想与积极思考等向外拓展的技巧是无效的。这些"轻盈"的活动，没有一项可以打动全部负面的心态。

那么，究竟要如何帮助心灵"沉重"的小孩，散开他心中凝结成团块的心智分子？答案是，通过以自我为动机的活动。前面已经提过，心灵的"密度"是朝向自我收缩，因此，降低这个密度的方法，不是去否定已经习惯的自我满足，而是向自我建议。向外界伸展比沉溺自我设限更能寻求到更大的满足。要鼓励一个

"沉重"的小孩打破心智上自我设限的樊篱，就得提供动机，让他主动向外寻求满足。

向外追求的活动，不只是为了肯定自我，对于拘谨退缩的心灵而言，也是有益且正面的。

因此，我们可以把这个介于轻盈与沉重之间的范畴，定义为"自我活跃"（ego－active）。自我中心的心智活动可以引导人朝着两个方向发展：不是走向更进一步的伸展开阔，就是回到更加坚定的拘谨退缩。因此，不妨称这两个选择的方向为"开展的自我活跃"（expensive ego－active）与"退缩的自我活跃"（contractive ego－active）。

"开展的自我活跃"会越来越轻盈，且不再那么强调自我的重要性；而"退缩的自我活跃"，虽然比起心智迟钝、绝望之类的"沉重"特质来说，是较开展的，但是它仍是朝内发展，换句话说，就是朝向自我，以自我为觉知的中心。"退缩的自我活跃"欠缺单纯明确的目标，容易慌张不安而扰动心智，所以遮蔽了他真正关注的事情。因此他的活动，正如他的意识，从来不会造成真正有利的结果。

敏锐的观察

比起保留考量孩子的各种心理特质来说，从精神比重或"密度"这个简单的角度，来评断一个孩子的天性，真是容易太多了。在这种简易的评断里，藏有一把金钥匙，可以打开通向孩子心灵成熟的大门。

然而，要能有效地使用这把钥匙，必须具备足够的敏锐度。

生命教育　　75

一般的体重计无法称出钻石的微小重量；充满偏见的心灵也衡量不出孩子的精神比重，唯有具备冷静的情感才能做到。换句话说，直觉才是评量的最佳利器。我很怀疑这样的觉知历程是否能成为一门客观的科学，因为它太依赖教师个人洞察力的敏锐度了。

不过，还是有客观的评断标准，可以协助敏锐的教师获得对学生有帮助的觉知。例如，孩子的意识是沉重或轻盈，会从身体姿态与动作中流露。"沉重"的小孩会在身体上展现出同样的沉重：肩膀下垂、弯腰驼背，习惯性地低头看下方，甚至是坐的方式、走路的样子，看起来都好像表示着"人生是一种负担"。

相对的，意识轻盈的小孩，则会在每一个姿态动作中流露出轻盈的内在精神。你可以看到，这种小孩常常舞动手臂，而不会老是让双手垂挂在身体两侧；抬头挺胸，而不是没精打采、弯腰驼背；坐姿笔直，目光炯炯，走起路来神采奕奕，不会老是否定拒绝一切事物。

此外，一个孩子的心理"比重"，也可以从他对朋友的选择上辨识出来。能量低的孩子会闪避，甚至可能会憎恨高能量的孩子。另一方面，高能量的孩子也没什么兴趣与低能量的孩子为伍，他们会寻找能量相当的同伴。但这个标准会有例外，孩子会为了特殊理由"向下混"——通常是为了帮助"比较沉重"的同伴，但不一定总是如此。

教师可以想办法检测孩子面对挑战时的反应。例如：他有多么乐于和其他人分享他的愉悦？有多坦诚？对纪律的反应是正向积极的吗？如果被要求做一件事，他会习惯性地寻找借口推托，还是欣然回应？有没有责任感？会不会自动自发？

教师也可以观察孩子们游戏时的表现。在放松娱乐的时候，是兴高采烈还是郁郁寡欢？喜欢跟别人竞争，还是乐于团队合作？另外，他会让自己远离群体吗？如果是这样，是否暗示着自我封闭，或者他置身事外只是因为他所关心的焦点不在这儿？

教师如何运用"比重"的概念来帮助孩子呢？正如前面所提到的，第一步是对孩子的"精神比重"，或者正常的知觉状态有敏锐的了解："沉重"、"自我活跃"，最后是"轻盈"；孩子处于何种状态，倾向于向上或向下，这些都会自然呈现。

寻找轻盈的动机

下一步就是给予孩子动机。教师如何让孩子主动想要去改变他们的觉知水平，同时拓展自我认同？答案是：帮助他们了解问题的关键。一方面是为了远离痛苦，另一方面是要发现快乐。如果他们已经很快乐了，就会有更强烈的动机想要增强快乐。

到目前为止，关于提升孩子觉知程度的特别方法，只不过是点到为止。在后面的章节中，会有更深入的探讨。

如何使用这些技巧？教师必须意识清晰明了地运用。而孩子最好是不要察觉这个历程，以免他的自我意识破坏了一切。

其他的技巧，我们还没有提过，包括深呼吸。深呼吸的过程中，肺脏会变成所谓的能量磁铁，将能量从身体较低的部位提升上来。

有益健康的运动也能活化精力，同时帮助孩子唤醒身体内部能量的流动。若能将这股能量导引向外，就可以避免它转而向内收缩。

一旦教师展开这些练习时，其他的技巧自然会浮上心头。举

例来说，我童年时在英国念过的一所学校，有一套精巧的独创系统，能够激励每个人更加努力。成绩评定不只是从考试来评量，也要看我们有多么努力用功。后者的评分系统是用颜色来表示的："优秀"是一个双层的红色矩形，"非常好"是单一的红色矩形；"好"是双层绿色，"普通"是单绿；"劣等"是双层蓝，"非常低劣"是单蓝矩形。不知怎的，我们都比过去只有分数评鉴时用功多了，只为了得到漂亮的颜色。

　　如果可能的话，教师也要试着帮助孩子选择同伴。不过，如果你鼓励他结交"比较轻盈"的孩子，最好是不要向他解释这么做的理由，以免他觉得好像有求于人，甚至因而憎恨他的朋友。

　　最后，请记住，老师的魅力对孩子也有重大影响。老师自己也要尽可能活在更高层的觉知里。你的意识越能够向外扩展，受你照顾的孩子也就会变得越来越伸展开阔。

　　让我以第四条定律来结束这一章。在这本书里，我已经提到过其他三项定律：华特士教条增生定律、成熟定律以及瑜伽阿南达的基本动机法则。第四条定律可以称之为"快乐原则"——快乐随着同情心的扩展成正比增强，而与自我本位的收缩密度成反比。

第十二章

每个孩子都是爱因斯坦？

真实的情况正好相反，
我们亏待了聪慧的学生，
甚至也没有为资质平庸者设想。

我记得小时候勤勤恳恳地练习弹钢琴，一次好几个小时。我喜欢弹钢琴，虽然我根本沾不上音乐神童的边。但我的母亲总是告诉我："只要你愿意，没有什么事可以阻止你成为一名钢琴演奏家。"

哪一位母亲不喜欢她的孩子是一名神童，或者有一天会成为总统、另一位米开朗琪罗、著名的科学家、伟大的圣人？

但是，让我们面对现实吧：这样的可能性有多高？

每一位尽责的教师也一样，他们都希望能够激励学生攀上功成名就的顶峰。

然而，还是让我们面对现实吧：这样的可能性有多高？

聪明才智的落难

问题并不只是任何一个时代都只诞生少数的伟人，更糟的是，我们的教育系统积极地遏制了孩童的远大志向。

一开始，现行体制的前提就是，最鲁钝的学生和最聪慧的学生都有权利接受相同的教育。当然，没有人想要否定任何人的学习机会。问题在于，人们强迫不想也没有能力回应的孩童接受这样的教育，而且以为这才是成功教育的本质。

要鼓励一个"比重轻盈"（light specific gravity）的孩子高飞翱翔是很容易的；但要让一位"自我活跃"的小孩一步一步向上爬就得花相当大的力气了。而对于"比重"（specific gravity）非常沉重的任何人，即便是巨大的努力可能都很难撼动他。将一个人全部的精力奉献于这种英雄行径的奋斗上，最终只是在消耗自己对"教育可以启发更高潜力"的信念。

当然，我们对待每一位学生都必须竭尽全力。事实上，即使是愚钝的小孩也可能成就非凡，因为每个人身上混杂了太多的特质。一个意识沉重的小孩可能会拥有某个非常关键、自我拓展的特质，如果加以重视，他的表现或许会远远超出任何人对他的期望。然而，正常的情况是，一位精神沉重的小孩首先必须得到教师对他的认同，并且接纳他对情境的真实反应，无论他的反应是多么不正常，但对他而言却是正常的，如此才能得到最大的协助。

　　再者，我们必须问问自己：是不是使一个鲁钝的孩子学会念报纸的标题，就是我们在教育体系中极力维护的崇高、成熟？是不是使一些愚钝的学生成为有用的社会改革者，就是我们唯一值得夸耀的功劳？我们当然希望指出哪些天才是自己造就出来的，尤其是当在造就这些天才的过程中，并未妨碍其他愚钝孩子的发展。

　　事实正好相反，我们亏待了聪慧的学生，却也没有让平庸者可以得到最大利益的教育。

　　聪明才智落难，整体社会也跟着受害。因为这个世界需要一些男性和女性的伟大表现，然而当它所采用的体系对伟大的培养有偏见时，伟大就消失了。

　　学校确实应该试着引导出"每个"孩子身上美好的一面，然而，个别表现优异的"最好"的孩子和以适当的方式充分发挥的潜能，也都值得鼓励。我指的是天才。毫无疑问，鼓励一名愚钝学生展现天赋是值得大声赞美的，但是如果我们在意的是天赋本身，期待聪慧的学生展示出天赋是比较符合现实的。结果却相反，这得"归功于"我们的教育，它的重点只在遏制孩童最坏的一面，事实上我们往往只能看到聪慧的孩子身上最坏的一面。也因此关注的焦点通常就是他成就的地方：在这个例子中，并不是遏制了最坏的一面，反而是巩固了最坏的一面。

由上往下运作的教育视野

要一位聪慧的老师接受"愚钝的学生真的是很愚钝"，永远不会是一件容易的事。但是如果不能接受这个事实，我们就不可能以建设性的方式来面对。此外，虽然阅读一个"愚钝孩子被教养出正常运作能力"的故事十分动人，帮助这个孩子最好的方式就是给予他所需要的特殊关注。但是，老师不应该因此而在相同架构下，因精力不足而无法对比较聪明的学生负起责任来。这样的事实，虽然不是出自我们的选择，却是人性本质强迫我们接受的。如果我们缺乏勇气去接纳事实，接纳他人真实的面目，我们就无法充分有效地帮助他们任何一个人。至于处于愚钝和聪慧两极之间的大多数学生，当他们最强的潜能得到重视时，他们的发展与成就也会强很多。

以精神比重的角度来看，一名"沉重"的小孩很可能是鲁钝且行动迟缓的，同时比较着重运用他的身体，而非心智。如何激励他去改变？试着去扩展他的同情心。你或许会发现，他会以别人为他"做或不做什么"、"给或不给什么"的角度来思考。

在教室里即使只有一名这样的小孩，都可能将班里的整体教学水平往下拉；另一方面，如果这个孩子受到忽视，或者因为他的愚钝遭其他同学的嘲弄，他可能会和其他具有相似"沉重"意识的小孩纠集在一起，制造麻烦，惹恼学校每一个人。

对于"沉重比重"（heavy–gvarity）的学生，可以激励他朝向以自我为动机（ego‐motivated）的活动。不过，除非他已经牢牢稳固在"自我活跃"的层次，否则他永远不会提升到非自私动机的活动，除非是零星的触发。

对于这样的小孩，教师可能达到最佳成效的方法是，通过一套基本的奖惩系统来教育他："如果你知道怎样对你好，就不要去做"，或是"去做，我会买好吃的东西给你"。用这种谆谆教诲的方式，使他养成一些良好的习惯，这对他日后的生活大有帮助，即使他并不是十分明白其中的价值判断。

无论如何，这一切都只是妥协，根本问题还是存在着，也就是如何去教育每一个人在不剥夺其他人学习机会的情况下，使每个人都得到最好的教育。是让学生在不同的教室，甚至不同的学校上课吗？还是每一间教室或每一所学校都有不同的分级制度，从 A 到 D，每一级还有更精细的分级，显示出学生不同的学习程度？

上述都是有可能实施的解决办法。然而，针对目前的问题，这些方案似乎是缓不济急，而且不可能实施的。

还有另外一项，同时也是比较好的解决方案，灵感来自于过去的乡下学校。在那里，一名教师必须教导好多个年级。只有一个方法可以让这套系统顺利运作：教师在指导低年级的学生时，须征求高年级学生来协助。

有目前的架构下，唯一的区别在于我们面对的不是一名教师承担整个学校教学的责任，因此问题不在于大孩子教导小孩子。事实上，我们关心的是同样年纪的孩子，却有着不一样的精神"密度"。

我的提议涉及教育重点的改变。目前教育的视野是由下往上提升，我们关心的是将学习低落的学生带到一定的高度，希望所有孩子都能够一起向前迈进。

而我的建议是：与其从下努力向上提升，为什么不从上面往下运作呢？

怎么做？相当简单，征求比较"轻盈"的学生来协助提升"比较沉重的孩子"。

我们已经意识到"自我活跃"的学生也可能志愿混入"沉重"意识的孩子堆里，同样的，"轻盈"学生也可能与"自我活跃"学生融洽相处。两者的动机通常都不是为了打成一片的满足感，而是为了帮助不如他们的孩子。

"沉重"的孩子没有什么兴致去倾听老师说教，但是他们往往会倾听，甚至跟从与他们同龄，但是比他们懂事，也比他们有吸引力的孩子。而且，虽然自我活跃的学生可能比"沉重"的孩子容易听取老师的忠告，但他们也一样倾向于跟从比较有吸引力的伙伴。

如果在这样一个结盟中，比较"沉重"的成员会更加具有一些接纳能力，他和比较积极的学生之间的磁场交换或许有助于提升他的层级，朝向比较上扬的"比重"。

同伴相互扶持

除此之外，在人生教育系统的架构下，相对而言，拥有伸展开阔的觉知的学生，借由帮助其他觉知比较不如自己的孩子，也会有实质的收获。教导学习比较迟缓的孩子并不会剥夺他自己的学习机会，他越能与人分享他学会的美好生活原则，就能得到越多的实习机会，并且加深了他自己对这些原则的了解。运用这种方式，没有人是输家，每个人都有收获。

讽刺的是，在目前的制度下，最有意愿向教师学习的学生，以及最有能力学习的孩子，一般而言，正是从教师那儿得到最少的学生。

相对于目前的情况，每一位老师应该做的是，好好培养任何一个愿意帮助不如自己的孩子进步，使其成为真正情绪成熟的学生，好好培养他们的领袖气质。

当然，我们还得面对一种危险：这样的学生可能发展成"老师的宠儿"，如此一来，其他的学生一定都会回避他。但是，有很多方法可以避开这个陷阱。

首先，最明显的一点是，教师本身应该受过训练，懂得觉察出这样的危险，而且在选择小帮手时必须不掺杂个人偏见，或许也应该请求其他教师的协助。再者，因为人性是脆弱的，只是劝告教师避开偏爱徇私的陷阱是不够的。

更进一步，被选择出来协助其他同学的学生应该组织"学生自治会"。对于"轻盈"或"伸展开阔"的学生与"自我活跃"的学生，在领导方式上应该给予不同的重点。显然，在这里会出现的敏感议题，只能在真实自然的生活情境中解决，因为每一个教室出现的问题都不一样。

重要的是，应了解人具磁场是生活中的事实。高能量的人磁场比较强；低能量的人，无一例外，通通欠缺吸引力。

学习的磁场

当我说到磁场时，我的意思是什么？当然我不是指罗盘会从真正的北方转向过来，而是指向高能量的人！不过，磁场依旧是每个人都会觉察到的事实，即使只是隐约察觉。

这种人的磁场可以比拟成电流通过钢线时产生的磁场。电流越高，电磁场越强。同样的，一个人的能量越高，他的个人磁场也越大。

关于这个主题可以谈论的很多，我自己在其他的著作以及一卷录音带中也曾经深入探讨过。这卷录音带的标题是"磁性领导的艺术"。这里的重点是，教师必须了解，如果他鼓励去担任领袖角色的学生，只是一个规规矩矩、永远反应敏捷、欣然顺从的孩子，起初看起来会觉得是很理想的选择，但是，他可能会一无所获。因为，通常这样的孩子之所以是好学生，是因为他的自我想要获得老师的赞同，或者是因为他缺乏意志力去说明他真正的意思。老师最好的选择可能是偶尔会有点淘气的孩子。我永远记得印度一位充满智慧的女圣者给予孩子的忠告："做乖孩子，但是不要太乖了！"

因此，能量必须被考虑进去，当成一项关键判准。拥有低能量且善良的孩子当然不会拥有吸引并激励别人的磁场。只有在高能量的孩子身上才能发展出真正的领袖气质。

当然啰，高能量孩子是属于最不可能变成老师宠儿的那一群孩子。

因此，不要寻求唯唯诺诺的孩子来实施你的计划，同时不要害怕去考虑一下那些不怎么乐意遵从你的指令的高能量孩童。因为这些比较不柔顺的孩子，一旦彻底思考过一个提议后，往往是愿意为了他们所接受的责任而投入最多心力的人。

务必避免过度强调人格。正确的是，永远要专注于原则。

同时，不要害怕提出挑战。许多教师暴露出来的一个大缺点，就是，为了赢得孩子偏向他们，他们有讨好孩子的倾向。如果你回顾自己的学校生活，我想你会发现，得到学生最普遍敬佩甚至喜爱的老师，是那些不偏不倚、坚守原则的老师。他们永远不会屈服于诱惑，不会只是为了希望别人喜欢他们而去做一件事。

孩子本身处在不成熟的自我渴望里，渴望别人的接纳，他们会极为敏锐地在大人身上觉察到这个缺点，而且很快地辨识出来，然后瞧不起，尤其是发生在老师身上时。因为当他们正努力一步一步迈向成熟时，原本是希望老师给予协助的。

第十三章

辅助成熟的工具

多么令人惊讶，
人类的根本"工具"：
自我、身体和脑袋，
得到的关注竟是那么少。

一名天文学家要扫描穹苍时需要在他的望远镜上安装一片清晰、透视率精准且研磨过的镜片。一位木匠建造一栋房子时，需要制作精良、保养完好的工具。珠宝师傅处理珍贵宝石时，需要足够敏感的天平才能称出小于一克拉的重量。在生活的每个层面，我们都需要正确的工具。尤其是在这个科技日趋繁复的时代里，我们必须投入庞大的心血，致力于工具的发展与维护。

然而，让我们惊讶的是，每个人都必须仰赖的最根本"工具"——他的自我、他的身体和他的脑袋，得到的关注竟是那么少。

人的身体，如果不以敏感的态度和正确的觉知来照顾，最终可能变成自己最难缠的敌人。一个病痛的肉体会阻碍任何追求成就的意志。乌云罩顶、焦点涣散，或是轻易就被情绪压力击溃的脑袋，是无法清晰地理解任何事物的，不管这个人运用了多么优异的仪器辅助。

现代教育系统倾全力于传授一个又一个的事实，但是却投注太少太少的心力，去培养一个学生吸收他接收到的信息的能力。教育给予孩子追求成就的外在工具，却甚至从来没有建议过他如何发展自己的专注力、记忆力，以及清晰的思考力。缺少了上述工具，就好比一支铁锤，或是一把锯子落入猫爪里，根本就不能被使用。

我以前上学时，在一堂课上，如果有哪个学生没有抓住讨论的重点，老师就会带着戏谑的关怀询问他："怎么回事，约翰？你恋爱了吗？"奇怪得很，关于整个学习历程中，会对学生情绪造成重大影响的因素中，恋爱是唯一被承认的。

即使是在像饮食这么基本的事情上，我们的孩子能得到多少教导？他们被喂以"垃圾"食物，糖分高，营养价值低。没有人曾经告诉过他们太多的糖会使脑袋混沌不清，难以清晰思考吗？或者告诉他们营养的食物会帮助他们在生活各方面感觉比较良好？幸运的是，今天人们越来越意识到这些事情的重要性了，虽然绝大多数的人仍然浑浑噩噩或者漠不关心这个领域的新发现。

运　动

就运动而言，大人常常劝告孩子要做些剧烈运动。但这并不能为他们往后的人生带来好处，有些剧烈运动甚至会永久伤害他们的身体。但是有多少关注被放在教导他们采取正确的运动形式上，让他们一生受用无穷呢？

孩子应该抱着长跑选手的态度来接近运动，清楚地了解，身体可能还要服侍他的主人七八十年，甚至更久的岁月，因此不应该被粗暴地对待；也不应该以为现在从事的运动，毕业就不再进行了。

我有一位年轻的朋友，是位优秀的滑雪选手，她曾经非常喜欢做跳跃动作。由于技巧高超，她总是优雅地落地，但是却让她每一根骨头嘎嘎作响。当她的医生告诉她："如果你继续这样滑雪，等到你四十五岁时，你就只能坐轮椅了。"她非常明智地放弃了跳跃练习。

当然，如果孩子被允许的运动只是每天绕着校园蹒跚举步，他们很快就会感觉无聊。然而，即使是散步，如果是在宽阔、自由的乡间进行，也可以是非常享受的：吸进新鲜的空气，饱览翠绿的田野和山庄。

　第十三章　辅助成熟的工具

如果要使意志变得坚强的话，也需要接受挑战。当然，在这方面，激烈的运动竞赛在教育中扮演了绝对有效的角色。然而，我所追求的是，将眼光放在更长远的人生韵律以及身体的发展上，还有让孩子学会一生受益无穷的运动形态，即使这些运动不能让他成为短暂的英雄。

这里有个例证说明运动的重要性。有一天我的脑袋感觉混混沌沌的，毫无疑问是过度工作的关系。不管如何鞭策打气，都无法使脑袋走出迷雾，迎向清晰思考的亮光。因此我离开书桌，在跳床上慢跑了十分钟。事后，心智的清晰澄澈与之前的差别令我大为惊叹。

持续运动对每一个人都很重要——这样的运动不需要一个足球场，也毋须两队厮杀到近乎瘫痪的状态；只需要选择愉快，甚至好玩有趣的运动来投入。教师应该常常提醒孩子，让他们养成这样的运动习惯，即使是那些热衷投入知性追求的孩子也不例外。

良好的饮食、正确的运动、定期暴露在阳光和新鲜空气之下：如此可以将身体培养成高效率的工具，供一个人长远驱使。

情　绪

接着，就该谈到情绪的问题了。有多少大人，能够辨识出情绪和情感的差别？少之又少。更别说孩子了。

结果就是，有多少小孩知道镇定、敏锐的情感是完整了解大部分学科的宝贵工具？或者骚动的情感，意即情绪，阻碍了清晰、客观的理解？

很少孩子在教导中学习到，理智会受到冷静情感的指引，同

样还会被情绪所左右扭曲。我们也很少让孩子了解，一旦培养出冷静的情感，会增进他们对每一个层面客观真实的理解。

感情，当它冷静而净化时，是拥有客观且成熟的洞察力所不可或缺的利器。

有很多方法可以帮助我们澄清情感，就像要学习许多逻辑法则才能正确地推理一样。举例而言，学习如何让情感超越个人的好恶，将自己的意识退回心中冷静的核心，使感情能得以澄清。将心中的能量向上导引到头脑，集中在两眉之间的中心点，这是自古以来认定为精神中枢的地方，也可以澄清情感。透过一些呼吸方法将流窜在脊椎的能量镇定下来，也有助于澄清情感。这些呼吸法是瑜伽术对人类知识的无价贡献。如果因为不熟悉而加以漠视的话，实在是严重的过错。

只有当内在情感冷静下来时，一个人才会确切知道在任何行动中应该采取的正确途径。听从这种深层情感过日子的人可以达到的成就，是那些局限自己，只运用理性来追索答案的人望尘莫及的。事实上，理性如果没有情感的支持，可能会指出成千上万个言之成理的方向，但是却无法肯定其中任何一个方向是正确的。

孩子必须学习如何适当地反应。如果他们的反应是从主观情绪中蹦出来的，他们就永远做不到这点。要学习如何驾驭情感，将情感收服为有用的盟友，需要相当的训练。事实正好相反，孩子在长大过程中受到的教导，是情感注定会阻碍正确的洞察力。科学被提出来当作典范。如果你想要客观地认清事实，大人告诉孩子："你必须不带感情地从逻辑角度观照一切事物。"我记得我在读大学时有一位教授，他开玩笑地吹嘘说：X光已经显示他的心脏比正常的小，这一点对他来说，是知性客观的征兆，他引以为荣。

被忽视的事实是，一位科学家越伟大，他对他研究主题的情感就越深刻。或者如同爱因斯坦所说的，真正科学发现的本质是对宇宙奥秘的敬畏意识。

无论在任何情况下，情感永远不可能被压抑下来。将情感推挤出某一点之外——在这点上你至少可以看见情感，同时尝试加以处理——只会让情感在另一点上爆发出来，且通常是在你最预料不到的地方显现。很多时候，当长久压抑的情感终于在一个人的意识层面中爆发出来时，那些情感会以可怕的和无法辨识的样貌涌现，有些时候会导致难以收拾的混乱骚动。

适当地宣泄、表达情感是达到成熟的一项重要工具。情感需要善加耕耘，而不只是漠视、压抑，或者视其为不可理喻的。

意志力

成熟的第三项工具是意志力。

每一年都有成千上万的新公司开张，但只有少数能够成功。罕见的成功故事难道只归功于"商场上的运气"吗？失败的事业纯粹是"负数统计"下的牺牲品吗？其实，在每一则成功故事中都彰显出非凡的意志力。

所有成功人士普遍的特征是他们甚至无法想象自己会说："我不行。"如果这个方法没有效，他们会去尝试另一个对策；如果仍然不成功，那么就再试试别的办法。他们会继续不断地尝试，直到找到有效的方案。

在一两次未尽全力的尝试后，人们就丧失了勇气，这种情况屡见不鲜！另外一个常见的情况是，人们在讨论过后，或是在纸上写下大纲后，就想象这项工作已经完成了。人们经常在遇到一些小小的阻碍之后，就自我开脱："天意如此"，然后放弃了。

商学院以行销技巧、组织图表和投资赚钱的诀窍填满学生的脑袋，他们将毕业生送进外面的花花世界，相信上述所有的知识可以保证他们成功。结果呢？毕业生后来忍不住质疑，为什么在他们之中，只有极少数的人终于成功了？

对他们而言，最无法理解的是，大部分极为成功的商界人士，所受的训练根本不能跟他们相比。那位钢铁巨子是如何赚得他的千万财富的？他甚至连小学都没毕业啊！

答案很简单：他坚持到底。他主动让事情发生，运用他在学校学来的原则，而不是被动地等待机会。

没有一位缺乏强烈意志力的人会在人生中获得真正的成功。因此，意志力是成熟的人不可缺少的素质。在学校教育中，教师应该经常强调意志力的重要性，也应该教导学生培养意志力的技巧，同时提供机会，让学生展现他们的意志力。

智　能

第四项，也是迈向成熟的最后一项工具，就是智能。或许有人会说："至少这项才能我们并不需要特别的关注，现代教育已经不遗余力地投入智能的发展了。"

不遗余力地投入？或许是吧，然而现代教育却没有充分了解如何让智能得到完全的发展。因为当教师把智能和其他三项成熟工具——身体、情感和意志力，分开对待时，智能就会成长得像一株营养不良，而且得了贫血症的植物，一株可能长得很高，然而却软弱无力、没有颜色，同时易受摧折的植物。

诚如我们已经见到的，智能的第一个缺点是不断膨胀自己、抬高自己的倾向，就像一个气球飘扬在迷人理论的云端，同时漫不经心地把作为压舱石的事实贬斥为不必要一样。想要充分有效地发展智能，对于物质实相就必须得有平衡的认识，要达到这样的觉知，首先就得通过身体来经历。

智能的第二个缺点，我们也早就见识过了，那就是以理论代替行动的倾向，甚至认为呆头呆脑地提出行动需求也是背叛了智能。要避免这项缺陷退化到心智瘫痪的状态，每日定期服下"意志力"这副药是绝对必要的。

第三项缺点——也就是情感显现重要性的地方了——智力容易受到诱惑，想象自己聪明到真的可以创造出真理。有一些人异常聪慧，他们会产生一种"众人皆醉我独醒"的错觉：认为只要凭借着理性的力量，他们可以证明他们渴望的任何一项合乎理性的结论。如果他们的愿望是要证明黑即是白，白即是黑呢？绝对没问题。他们想象自己有能力推理出任何真理的存在，或是否决它的存在，只需要巧妙地操弄概念就成了。

事实上我们在这里看到的正是压抑情感的危险：它们只会以最为稀奇、古怪的谎言形式不断、不断、不断地再现，如同迈可·安迪在《说不完的故事》中指出的。

瑜伽阿南达说得好："理性唯有在承认宇宙法则的无从逃避时，才算得到正确的导引。"——换句话说，真相是无从逃避的。

因此，智能的发展必须不断参照可以确证的真相。一个突发的奇想，或是一句由逻辑密网精巧编织而成的引言，都必须一再地参照现实，看看它们是否确实为真。

还有一点，智能必须依据有效的行为加以培养。例如，在可以调派的人手只是一小队疲惫的士兵时，一项需要调动一万大军的高明作战计划又有什么价值？

当一位医生骄傲地宣称："手术成功了！"但病人却已平静地死在手术台上，这又有什么用处呢？

最后一点，我们必须认知到，智能只是心智挥舞的一项工具，绝对不能反过来完全控制了心智，智能的发展必须以此为立足点。就像任何工具一样，我们可以正确或错误地使用它，完全要看一个人是否尊重其他更崇高，而且亘古不变的原则而定。

达到成熟的身心均衡状态

首先一个人，为了要完整而且有效地在这个世界上运作，必须在内心发展上述四项工具，以达到成熟的境界：一、体能与身体的自我控制；二、情绪的冷静以及宽阔的情感；三、活跃、坚持的意志力；四、识见清明，同时可以应世的智能。去除了上述任何一个层面，彼此的平衡就会受到破坏。每一个层面的发展实则都仰赖另外三个层面的完美。

一位体能良好而且收放自如的人，如果情感、意志力或智能没有充分发展，那他只不过是一只人形动物，纯粹从本能的层面回应每一样刺激。

拥有敏锐、优雅情感的人，如果其他三个层面发展不足，就会容易迷失在忧郁症里，或是其他莫名的恐惧当中。

再者，一位拥有坚强意志力，但是其他三项成熟工具不完备的人，可能会发展出专横的性格以弥补他身体上的弱点。不能掌控情绪或许会让他陷入暴怒之中，无法忍受别人竟然如此放肆地反对他，即使是在微不足道的议题上。而没有充分发展的智能可能会引导他去从事放纵的行动，因为他从来不会以冷静内省的角度观照人生。

最后，我们已经了解到，如果没有得到其他三项成熟"工具"的支持，智能的发展将是不完全的。

有趣的是，上述工具最好是按照顺序依次发展：首先是身体的知觉，然后是情感的敏锐程度，再来是意志力，最后才是智能。

举例来说，情感必须奠基于对身体结实可靠的意识上，如此才能真正地激励并且提升孩子，而不让他变得多愁善感。意志力的发展如果少掉身体能量以及自制或明智导引的情绪帮忙照应，可能会使孩子走向残忍无情，或是漫无目标地虚耗精力。

因此，在教育孩子时，我们应该付出的心力，不仅是教导他正确地使用他的身体、情感、意志力与智能，同时还要引导他以正确的顺序来发展它们。只有在了解并且尊重他的本性的前提下，教师才能帮助学生达到真正成熟的身心均衡状态。

第十四章

成熟的阶段

人一生中经历的改变，
不只是身体的变化，
还有心理上的转变。

某些药物经过特别的设计，药效要好几个小时才会完全释放出来，让身体能慢慢地吸收药力。

同样地，身体的某些变化也是规划好了，要在不同的生命岁月里发生。

人生的阶段

6 岁左右，孩童开始掉乳牙，换上可以适合成人身体的新牙齿。大约 12 岁时，随着青春期的来临，他会经历身体留下创痕、心智及情绪上的激烈变化。

18 岁左右，身体停止发育，心智上准备进入成人阶段。女性大概在 48 岁时进入更年期，往往伴随着心智与情绪上的波动。

人生所经历的改变不只是身体的变化，还有心理的变化，例如众所皆知的"中年危机"。而在 60 岁左右时，人便有从外界活动退下来的心理需求。30 岁，或是更年轻的人，可能终于开始清楚意识到人生的特殊"使命"。

在统计学上，我们甚至可以发现，某些心智能力在不同年龄达到高峰。例如，数学与做诗的能力在 20 岁前后；商业头脑，50 几岁；哲学洞见，六七十岁。

人生的各个阶段是非常迷人的研究课题。每个学派的说法不同。举个例子来说，占星学家认为最重要的关联是土星和木星的周期循环；土星的运行主宰一个人的外在生活，包括他的人生成就；木星则主宰他的内在发展。

或许只是巧合，然而木星的 12 年轨道周期（6 年的时间运转离开 12 宫亦即诞生星图的原点，再过 6 年向内运行回来），的确是呼应了一个人一生的特定发展。别的不谈，至少是一个有用的挂钉，可以悬挂我们对这些发展的觉知。

在孩子的成长过程中，这些阶段特别值得注意。因为在孩子心理和性格的发展历程中，有四个特别明显的阶段，每一个阶段，他都会自然而然地承担起责任，去发展下一项成熟的基本工具，如同我已经描述过的。

迈向成熟的四个阶段

一个孩子生命的前 6 年主要是投入身体意识的发展；接下来的 6 年，直到 12 岁左右，是发展情绪敏感程度的自然阶段；12 岁到 18 岁，青少年的反叛是发展意志力的自然征兆；在这两个 12 年的循环周期中，最后的 6 年，从 18 岁到 24 岁，则是智能开始自然蓬勃发展的人生阶段。

这四个发展阶段，如同我已说过的，代表人一生中木星的前两个周期循环，每一次都是先向外流动，紧接着向内流动。因此，向外界的流动发生在第一和第三个周期：身体意识和控制是在第一个周期里；逐渐肯定的意志则是属于第三个周期。朝着内心流动的方向发生在第二和第四周期：情绪的觉察与修养净化是从 6 岁到 12 岁；知性的觉醒是在第四个周期，从 18 岁到24 岁。

如果读者不想要一个像木星 12 年周期这么诡异的解释，他可以寻找成熟与身体重大变化四个阶段之间存在的相互关系：6 岁左右，出现第一颗永久齿；12 岁左右，青春期来临；大约 18 岁时，身体停止成长。

不管一个人用什么方式来解释这四个阶段，都只是为了方便记忆，这四个阶段都是很容易观察到的事实。

我有一位朋友，他以铃木教学法来教导孩子学习拉小提琴。他告诉我，直到 6 岁之前，他的学生完全沉迷于纯粹的身体动作游戏；6 岁到 12 岁，他们会感动于音乐之美；12 岁之后，整个中学阶段，他们会下定决心苦练，努力让技艺纯熟。

身体的年纪

婴儿必须学习的第一件事是如何运用他的身体，起初他只能在空中无助地挥舞手臂和小腿；然后开始爬行；接着是摇摇摆摆地学走路；然后就上路了；最后是精力充沛地到处跑。即使是到了 6 岁这个年纪，他在肢体动作方面仍然是笨拙的，跑步的时候跌跌撞撞；打开瓶盖时，连瓶子也掉落地上；吃东西时，食物弄得满桌都是。

除了肌肉的控制之外，孩子的头 6 年也是感官觉醒的时期，他用感官去认知周围的世界。视觉、听觉、嗅觉、味觉，以及令人心痒痒的触觉，这五种感官带给他惊奇不已、栩栩如生的现实。阳光照射一颗露珠所呈现的彩虹颜色；家里每一位成员独特的脚步声；厨房里每天早晨飘出来的香味；干净被单的平滑触感，无数的感官印象不断地涌向他的心灵。

因此，在生命的头几年里，随着孩子逐渐发展出来的感官知觉，大人最容易教导他的方式是通过身体以及身体的动作。

情感的年纪

接着，在 6 岁左右时，他已经准备好借由情绪知觉来接受指

生命教育　　　　101

导。这并不是表示在那之前他在情绪上一直是懵懵懂懂的，绝非如此！在他的头 6 年里，他的主观觉知几乎就像是一大锅沸腾鼓噪的情绪。然而 6 岁之后，他进入到一个时期，已经有可能集中心神去导引净化那些骚动不安的情绪。

举例来说，要在这个年纪之后，孩子才有可能受到激励去培养高贵的情操，这 6 年的时间是英雄崇拜的自然阶段。因此，这也是给他提供建设自我角色的典范的时期——透过传说、幻想、历史，以及当代活着的人物。

意志力的年纪

到了 12 岁，或者相近的年龄——换句话说，就是青春期的开端——自我开始比较激烈地想要伸张主见。随着伸张主见而来的便是觉醒的需求，想要考验及增强自己的意志。在这个时期，重要的是引导青少年正确地运用他的意志力，即将意志力运用于伸展开放，而不是收缩拘谨。在这段期间里，对青少年自身尤其重要的是学习自我控制。他们应该得到鼓励，以建设性的方式锻炼他们的意志力——"肌肉"。举例而言，不是试着掌控别人，或者在他人的眼中证明自己，而是认识到真正的伟大意味着成为他人强力的堡垒。

十几岁阶段的身体认知有了新的意义，而且必须得到健康的导引，尤其是导向运动，或是其他形式的体能活动。青少年同时必须学习如何以创造性的方式引导他的身体能量，依据他自己的本性，投入各式各样有价值的活动。

孩子处于生命发展的这个阶段，在精神层面的"轻盈"或

"沉重"天平上，很容易上扬或下沉。如果他的本性是属于内敛的，又缺乏适当的引导，很可能在感情方面变得拘谨收缩，结果过分沉溺于自己和自己的问题；如果他的本性是外向的，则很可能进入和别人强烈竞争的状态。然而如果得到适当的引导，在这6年的岁月里，孩子可能进入一个令人惊叹、活跃而实际的理想主义时期。

有些大人将青少年时期描写成仅是只求苟活的阶段，这实在是大错特错。我甚至怀疑孩子在十几岁时面临的许多问题，其实是因为大人在这个生命发展阶段，在他们身上投射了强烈的负面形象造成的。

令人痛心的明显事实是，青少年不再是昨日那位甜美、天真、凡事相信不疑，以及可以搂搂抱抱的小孩了，父母的感觉尤其强烈。婴孩（包括所有物种的幼儿）拥有美好的特质，令所有人遗憾的是，这美好特质随着他们的成长失落了，且失去的并不仅仅是他们小小的体型。毕竟，一只象宝宝的体型已然大过成年人的身材。真正失落的是我们在他们眼里看到的信任，他们尚未学会怀疑一个冷漠或是充满敌意的世界的真实意图。

吉米·考贝特（Jim Corbett），著名的猎虎专家——以摄影机从事狩猎。有一天他躺在树下的平台上。当他看见一只成年的孟加拉虎尾随一只小山羊时，他的相机已经准备好了。就在老虎走近小山羊时，小山羊听到了，它转过身来，看到这只不认识的庞大动物，小山羊没有任何疑心地摇摇摆摆走过去，满怀好奇地开始闻嗅老虎。

这么一来老虎如何能够展开攻击？另一方面，老虎会怎么行动呢？结果它从蹲伏的姿态站起身来，避开脸，让小山羊闻嗅了好几分钟，然后以无比尊严的姿态，转过身去，走进丛林里。

婴儿阶段甜美的纯真不仅在人类身上失去，所有的动物皆然。等到它们到达性成熟的年纪，父母，尤其是母亲，在失落中无法避免某种程度的哀伤。（我永远忘不了我母亲的反应，在她45岁时，我送她一张生日卡，卡片上的图案是一名好勇斗狠的高大男人，宽阔的下巴留着短髭，嘴角咬着一根雪茄。这名男子穿着一件小小的水手装和短裤，手里拿着一个气球。这幅图案透露的信息是："生日快乐，妈妈，你的小男孩。"我妈妈笑得多么开心！充分地表露出她对我们这些男孩的神秘态度。）

无论如何，青春期无可避免地会带来变化。重要的是尽最大努力让这个变化朝好的方向改变。从这个观点出发最要紧的协助是，对青少年投射正向、积极的期望。

前12年的适当训练，以及往后适当地去参照那些年学习到的价值，会是一股很大的推动力，将第三个6年阶段转化成迈向成熟的真正发展时刻。

思考的年纪

到了18岁，孩子终于准备好要将全部的心力投入智能的发展上了。这个时期不仅仅是要学习推理思考的能力，（这方面的技巧或许他在3岁时已经表现出来了！）真正的重点是，要清晰地思考推理，换句话说，要能明察和辨别。

在24岁时，或许没有任何明显的生理变化来暗示智能发展的四个阶段已经结束了，这时期的年轻人终于准备好要进入成人的世界。事实上，大学通常只有四年，毕业之后，青年男子或女子受到的期望是离开校园，和所有人一样承担起成年的责任。然而根据我自己对年轻人的观察，我倾向于建议他们不要被迫脱离以学习为重心的生活形态，直到他们真正满了 24 岁。

有些孩子可能在很小的时候就显现出自己较倾向于情感、意志或理性的天性。举个例子，一名资质聪慧的小孩可能刚刚开始会说话就展露了他的推理天赋；而一名天生意志力坚强的婴儿在襁褓时代就不容别人误解他的愿望。然而有许多优秀出色的人才，甚至是天才，一辈子也没有达到真正成熟的均衡状态，或许是因为身体的笨拙、情绪的不成熟，或是意志力的展现反复无常。甚至即使他们非常的聪明，却被许多根本的现实所迷惑。像这样的人，因为上述的种种理由，不能算是完全成功的人。同样的，有许多意志伟大的人，他们缺乏敏锐的感觉能力。在成熟的四个阶段中，我们都可以发现类似的不平衡的例子。

因此，不管一个孩子原来的能力是什么，明智的做法是不要去剥夺他在这四个连续阶段中的自然发展。举例而言，在承认他的知性需求及天赋的同时，不要忘记，6 岁时的他仍然是一个孩子，他本性中的其他层面也必须达到成熟，如此他才能过着完整而圆满的生活。在成长的岁月里，每一个阶段都应该得到适当的重视。

成年岁月

成年人也一样，拥有他们的 24 年发展周期，以达到真正的成熟。教育并不是随着从学校毕业而结束的，头 24 年的教育目的是在孩子身上根植必要的生活工具，在这之后仍然有许多的功课要做。

下一个24年，大约一直持续到48岁，一个成人多少要将以往在成长过程中所得到的，以物质回馈给这个世界。

接下来的24年是某种程度地从战场上撤回来，同时要传授年轻人他在人生的奋斗中获得的知识。

大约72岁以后的余生，他的人生焦点，应该比较集中在与他人分享他获得的智慧，而不是分享他的实用知识上了。（事实上，到了这个时候，他的实用知识可能早就过时了。）如果他有足够的智慧，在这个阶段他也应该寻求途径做好准备，以通过人生"最后的考验"。理想上，这也是冥想和沉思永恒真理的时候了。

上述成年以后的生命周期很容易变成一本书的主题。然而在这本书里，若是详加阐述就会偏离主题，毕竟这本书要谈的是童年教育。

第十五章

打地基的年纪

生命中的头 6 年，

是建立孩子人生方向的最重要阶段。

有句谚语形容得很贴切：

"小树枝向着哪，大树就往哪里长。"

一个孩子生命的头 6 年，即学前阶段，是建立孩子人生方向的最重要阶段。正是在这段年岁里，大人必须付出心力培养孩子有益身心健康的习惯、嗜好和态度。这句谚语别具意义："小树枝向着哪，大树就往哪长。"

也是因为这个原因，孩子最好能去上幼儿园，学习和别人相处，接受一名懂得人际关系指导方法的教师的调教。在这方面，很少父母拥有任何实际经验。

如前所述，在生命的头 6 年里，一个孩子以他的身体为媒介，同时通过五官发展他的认知，可以学习得最好。

戏　剧

或许在一开始，肌肉和运动神经的控制是最难学习的。小孩子必须一步一步慢慢地了解他的身体，了解身体的限制及力量。在发展这方面觉知的同时，如果他有机会加以演出，而不只是对他的口头解释而已，他可以把其他事物学习得更好。

如我先前指出的，孩子天性就喜欢玩"过家家"的游戏，演出故事，呈现出故事中的情境：让吉米站在这里，玛丽在那里，你也在某个地方，每个人都真正进入情节里。这比起单纯的讲述会在孩子心里烙下更深刻的印象。

我并不是非常赞成把这种想法推到其逻辑结论：让孩子在每一堂课上走动，或是永远要求他以身体表演出来。例如，在目前的脉络下，有人可能轻易地导出一个想法，教孩子数字或字母时，在地板上画出大大的图案，然后让孩子沿着这些线条走一遍。在他往后的日子里，孩子年龄比较大时，他绝对不会喜欢必须用脚走过一遍来学习事情，最有可能的是，他永远会运用他的手和手指来学习。

我想我小时的那套教学系统是比较实用的。那套系统也运用到身体，不过更多的是运用手而非脚。老师发给我们一张质地像砂纸的纸片，上面印着大大的字母和数字。然后老师要求我们用手指指着这些图案走一遍。

另外一个使用他们的身体来教导孩子的聪明办法是，让孩子投入简单的戏剧表演里，台词尽量少，尽可能用动作表现。一个衷心的建议是：让孩子开心最重要，即使会干扰剧情进展也无所谓。

舞 蹈

跳舞也是绝佳的方法，不仅可以训练身体动作的协调，还可以发展出精神上"轻盈"的心智态度。

手臂、头或躯体任何一个向上的动作都可以用来暗示上升的意识，而任何向下的动作都暗示了心灵与情感的沉重。在跳舞时，孩子可能会受到鼓励全神贯注于他们的肩膀、手臂和手，相应的就比较不会去注意到他们的下肢。

许多舞蹈的主要焦点是放在身体的下半部：臀部、腿部和脚。在平常的生活里，这些部位得到相当少的关注，它们的角色一般而言是支持性的。在正常情况下，人们要用身体来表达他们的情感或想法时，他们会运用他们的手臂和手，这不是非常自然的吗？因此，在我谈及提升意识的舞蹈里，让下肢保持他们自然的支持性角色似乎是正确的。

我不是建议永远要去指导孩子的舞步，我们应该尽可能鼓励他们自然地流露。事实上，为什么不赋予不同的舞蹈动作不同的名字呢？名字的本身就暗示了它想要呈现的姿态。

例如，有一个舞步可以称之为"天女散花"。

另外一个，"沐浴阳光"。

再一个，"制造彩虹"。

还有一个，"唤醒世界"。

"树舞"可以成为一场愉悦而不寻常的舞蹈盛会，还有"奉献"和"追雨"也可以。

充分运用腿和脚，热情跳跃的舞蹈可以称之为"捕捉机会"。

我想，要谨记在心的一个重点是，不要给予孩子暗示，让孩子在往后的人生里，有可能去嘲笑舞蹈。因为经由这类的嘲笑，孩子可能会对这个系统形成偏见。举个例子，"飞行中的鸟"，可能是非常好的舞蹈运动，只要想象鸟是飞翔高空的大型鸟，拥有宽阔的双翼和雍容之美就行了。然而，如果孩子让自己像只小麻雀般地拍动翅膀，跳来跳去，当时他们可能会笑翻天，而在往后的岁月，他们可能只记得这个场景荒谬可笑，在记忆中觉得困窘难堪，并告诉他们的朋友："我所有的记忆是，我们曾经像一群可笑的小鸟疯狂地四处跳跃。"幼年时储存的印象通常会像漫画般萦绕在记忆里。

彩 绘

利用肢体动作传授重要的课程并且配合身体协调的一项方法

是通过色彩的绘画与素描。一项绝佳的练习是要求一个班级在老师的协助之下，共同彩绘出故事场景，每一位小孩设计不同的区域。

色彩对绝大部分孩子都很重要。我们可以让孩子认识到不同的颜色，以及同种颜色的渐层，这会让他们产生不同感受。例如，大人可以帮助孩子觉察到，为什么他们在感觉愤怒或怨恨时会大量使用红色，而感觉宁静安详时则使用蓝色。

色彩越纯净，通常对心灵的影响是越"轻盈"、越伸展开阔的。老师可以让孩子从水晶玻璃中观察到光的七种颜色，甚至想象自己在一个七彩的魔幻世界里驰骋。在这个时候，教师可以编造一则故事，或许是一个孩子进入这样一个光灿夺目的世界里，与奇妙的光彩经历了一场不可思议的奇遇。

孩子还可以玩一种或许可以称之为"为色彩加油打气"的游戏。在这个游戏里，孩子接受邀请将阴暗、不快乐的色调转变成纯净、明亮而且快乐的色彩。

音　乐

音乐和声音对孩子的发展非常重要。然而，是什么样的音乐和什么样的声音呢？

有些研究已经再三验证，许多的现代流行音乐会对神经系统造成伤害。摇滚乐的强烈节拍毒害之深，甚至连植物在实验之中，都会朝着震耳欲聋的喇叭的相反的方向长出卷须，似乎是拼命想要逃离它们的栽培箱。另一方面，如果是持续地播放古典音乐，植物就会改变它们的生长方向，而且真的长出卷须来拥抱喇叭。

我们不可能期望改变整个文化（如果文化在这里是适当的语汇），但是我们至少可以向愿意倾听的人说出心里的话。

很多现代流行音乐的节拍事实上是收缩而且沉重的。它是在肯定自我，而不是伸展自我。它让心灵下坠。很少有画面比一个小小孩随着摇滚乐团的强烈音乐顿足踏步、扭来扭去的场景更怪异、更不协调，或者更令人不快了。孩子发现这种形态的音乐具有吸引力是自然不过的事，因为这样的音乐肯定了他们的自我。自我已经是他们本然的核心了。然而，这样的肯定有益于他们迈向成熟的发展吗？如果这本书的立论正确，那么答案必然是，当然不健康。

很多现代流行音乐的精神，正好与任何帮助孩子迈向成熟的认真尝试，背道而驰。

音乐在生活中扮演了极为重要的角色，因此也应该在教育中扮演同样的角色。借由旋律和曲调，心灵可以得到献身的启发；或是燃烧自己，牺牲生命；也可能化为绕指柔，充塞着慈悲与爱；或是乐得发笑，得到抚慰而放松；或者激扬愤怒和暴力。多年以前有一首流行歌，歌名是"沉郁的星期天"（Gloomy Sunday），最后遭到禁播的命运，因为有太多人反复听到这首歌之后，自杀了。

甚至有人发现上课时以巴洛克音乐为背景，每一分钟大约是六十拍，学生的记忆会更深刻。

电影《音乐之声》里有一首愉悦的歌曲，孩子在歌唱时把音符像这样唱出来了："Sol do la fa mi do re, sol do la ti do re do."我从来没有听过在学校里老师真的教孩子用这种方式唱歌，不过似乎是绝佳的主意。因为像这样唱出音符来，我觉得孩子应该很快就会学得很纯熟，可以在任何序列中辨认出音符来。

然而如果可以取代通常的音符顺序——"do re mi fa sol la ti do"，如果唱的是熟悉的事物，不只是发出无意义的声音，或许孩子会更喜欢唱歌。再者"sol"是音阶中的第五个音符，正常的唱法，一旦后面跟着其他特定的音符，例如"sol re"或"sol mi"，唱起来就显得有点笨拙。

用其他的声音来代替主要的音阶如何？day（日）、lark（雀）、rose（玫瑰）、tree（树）、moon（月）、night（夜）、sea（海）、day（日）。我会这样建议，部分原因是不管顺序如何排列，唱起来都非常流畅；还有部分原因是非常诗意，而且可以让音符更贴近生活。夹在中间的音符（升 C 音阶）可以命名为括弧里的语词："日晓（break），雀歌曲（song），玫瑰，树叶（leaf），月光（ray），夜云（cloud），海，日"。当然，这些附随式的唱法只能帮助那些已经多少具有音乐底子的学生。

因此，上述的曲调就可以唱成："moon day night tree rose day lark. moon day night sea day lark day."

个别的音符或一组音符都可以拿来玩想象游戏。

自然会提供教师无数的机会来拓展孩子的认知。一个蕴含无限可能的游戏或许可以称之为"倾听自然"。要玩这个游戏，就应把孩子带到户外，然后举一个例子，让他们围着一棵树站好，要求孩子讲出他们可以从树身上学习到什么。孩子或许会回答力量、目标坚定等等。再要求他们倾听这棵树，尝试从树上找出他们回答的特质。

关于这个主题有一本引人入胜的著作，是约瑟夫·柯内尔（Joseph Cornell）的《与孩子分享自然》（*Sharing Nature with Children*）。

还有一项绝佳的练习，那就是让孩子倾听彼此，努力去感觉同学身上的特质对他们大有帮助，甚至可以鼓励他们互相祝福。通过上述的方法，他们天生喜欢嘲笑的孩子气倾向，可以转化成善良且心胸宽广的倾向。

　　我们也可以邀请孩子用野花编织花环，给彼此戴上，并给老师戴上，或许其他班级的孩子和老师也可以加入。

　　就这样通过所有的方法，可以成功地教育孩子，以他内在最美好的一面来回应人生，而每一位孩子也都能开发出他最高的潜能。

第十六章

情感的年纪

通过情感与情绪来教学，
培养出更精致的情感。
因为就是在这几年，
孩子开始能够建设性地引导情绪，
而不是受情绪支配。

前面我建议了许多技巧和原则，可以被持续有效地运用到往后的学习过程中。特别是小学的前 3 年，可以用来发展及琢磨本书为学龄阶段提供的各项练习。

此外，如果以为小学 6 年结束后，就应该放弃通过身体认知的教学方法，那可就大错特错了。事实上，运用各种方式通过身体动作来教学，这个方法应该一直持续下去，贯穿在整个正式教育期间。其实，这种学习方法是一辈子适用的。因为每一种心智态度都对应着一种特定的身体姿势与动作。身体和心灵永远密切相关，彼此互动。

因此，我们必须做的，不是随着孩子从小学进入下一个学习周期，就放弃原来的重点，而换成别的重点；而是正好相反，第一个阶段应该被当成"地基"，在这个"地基"上建立第二阶段的学习，然后第二个阶段又成为第三个阶段的基础，第三个阶段又是第四个阶段的建构基础。每一个进阶只是让这栋"学习大楼"升高一点，却不需要另起炉灶，重新盖一栋新建筑。

正因如此，小学的前 3 年更需要充分发展上一章所提到的种种技巧，以及情绪的发展和激励。

小学阶段的后 3 年，教学方法可以变得比较抽象。因为孩子的心智已经较能掌握，不再那么需要以身体来感受世界，来理解事物了。

正确地引导情感

生命的第二个 6 年（小学），重点应该是通过情感与情绪来教学，尤其是要培养出更精致的情感。因为就是在这几年，孩子开始能够建设性地引导情绪，而不是让情绪支配自己。

许多惯用理性的人，在情感枯竭的社会中成长，因而认为：只要能够再次表达出情绪就足够了。"和你的情感搭上线"是近几年来大家讨论得很多的话题（而且不必在乎那些情感是不是具有破坏力）。这个话题的部分观点是：肯承认负面情绪，一个人就有能力去改变这些情绪；还有部分观点是：将负面情绪表达出来，就能够排除这些情绪。

然而，这些想法却没有更深一层地认知到："生命中的重大改变，有赖于情感系统。"单在理智上承认问题，并无法提供必要的能量来排解问题。更糟的是，就像前面章节探讨过的：太多的心智认知，以及随着认知而运用知性加以概念化的结果，事实上可能会削弱采取实际行动所需的能量。

单单只是为有害的情绪提供一个宣泄渠道，是绝对无法达到永久治愈效果的。这种方式令我产生了一个有趣的联想——医学不发达的时代里所施行的"水蛭放血法"。我承认，虚张声势的尖叫诅咒，例如："我要杀掉我父亲！"或者尽情哭泣、释放长久压抑的所有悲伤之后，可能会暂时感到轻松。然而，这样的解脱——即使真的是解脱而非虚脱——也只是短暂的。因为在这种情绪"放血"的过程中，永远存在一个想法："我想要"或是"我伤心"。这种想法构成了真实的思维，原本应该被去除的情感包袱，依旧会紧紧地缠住自我。

即使是大人，想要借由理智来避开情绪问题，都还是很困难的。但是大人至少有其他的价值参考系统，可以将情绪放置到较无足轻重的地位。孩子却没有这样宽广的认识，他们的视野被局限在"情绪隧道"里（我们姑且这么命名），无法看到外界，因而痛苦。一个小孩正在承受的任何情绪，对他而言，都会变成吸引他全神贯注的现实。

简单地说，孩子没有必要和他们的情感搭上线，因为他们已经生活在这些情感之中了。他们没有必要肯定他们的负面情绪，这样的肯定只能徒然加强这些情绪罢了。但是，强迫他们压抑情绪也是不行的。事实上，他们需要的是学习如何正向积极地导引这些情绪。

以社会力量压抑情绪，而不去疏导情绪，有一个众所周知的例子——通常人们会告诉一个正在啜泣的小男孩："别这样，男孩子不可以哭。"哭有什么不对？理所当然，一名男孩应该可以自由哭泣，如果他想哭的话。力量不是藏在忍住眼泪的动作中，能够疏导负面的情感才能产生力量。

另一方面，没有能力疏导情感也是一个弱点。对一个男孩（对女孩也一样）过度怜悯，就是在滋长这项弱点。表现出足够的关怀，让他或她知道你了解而且感同身受就够了。但是，接下来，不要只是试图让孩子停止哭泣，而是要帮助他，将这股悲伤导引到积极正面的新方向——最好是和他哭泣的原因有关，而不是告诉他："只要到外面玩玩，就没事了。"

提升与拓展的练习

先前我们已经详细解释过，在帮助孩子"提升"意识的同时，"拓展"他的意识，有多么重要。我们可以教孩子根据这两个动作的字面意思去实行，这也就是重新导引情感的方法。

首先，你可以让他坐直身体，向上看；同时做几次深呼吸。

第二步，让他的思考向外伸展开放。例如，从别人的观点来考虑目前的情境（如果他的情感受到伤害）；或者把发生的事情看成是小事或是暂时的，相对于他自己更广阔的生命来说；保持公平的心态，不管谁伤害了他，都看成是在寻求他的协助与了解。

重要的是，不要去贬低他的情感，不然就会对他造成伤害性的压抑。相反的，要试着让他以更宽广的视野来观照这些情感。这样可以减轻负面情感在他自己眼里的重要性。

另外一种方式也有帮助。教会你的学生有能力将每一种情感，甚至他们本身的人格特质，抽离自身与他人的实体之外——简单地说，就是帮助他们客观地凝视自己的情感。举例来说，我们可以帮助孩子观照到，即使是最容易忧郁的小孩，闷闷不乐也不是他本质上的特征。也就是说，不是人格特征，而是在心灵深处的灵魂，正意识清明地由内在向外张望。如此一来，可以帮助他们了解到，每一种令人不舒服的习性或情绪，都是可以改变的，而且不会在改变过程中失去某部分的自我。

我们应该让孩子理解到，拥有闷闷不乐或是愤怒的情绪，并不会因此就成为一个郁郁寡欢或是愤怒的人。这对孩子有很大的帮助。把自己和情绪拉开一点距离，他就会发现，将负面情绪转化成正向积极的情感并不难。

教导这种心智抽象能力的方法之一是：举例说明。以简单的加减法为例，拿 2 个苹果，再拿 2 个苹果，合在一起是 4 个苹果；拿橘子照样演算一遍，结果也是一样。然而，在相加的过程里，我们看见的不是加减的物品本身（不管是苹果还是橘子），而是

"2"这个数目，在加法的过程里，变成了"4"这个数目，这两种数目和苹果或是橘子无关。

接下来，同样的原则就可以应用在轻盈和沉重的抽象化的过程中了。例如，棉花本身是轻盈而蓬松的，一旦被制成船帆，就会变得紧密而沉重了。精神意识的轻盈和沉重也是如此。物体会呈现出某种状态，但不会被这种状态所界定。举例来说，铁会沉进水里，就此而论，铁是沉重的，然而铁却能浮在水银上，这样的事实使得铁在新的参考架构里，变得轻盈了。

研读伟大人物的生平，可以让学生明白，这些人是如何发展出英雄气概、勇气以及慈悲心肠，而不必然是一生下来就拥有上述特质的。同时，也可以举例让学生知道，一个人是如何在一次次的自私行为中，变得卑鄙小气、性质"沉重"，而且凄惨可怜的。

通过这些方法，我们可以帮助学生相信自己有能力改变，而且有能力在心里将一个人犯的错误和这个人本身区分开来。如同俗语所说："痛恨罪恶，而不是罪人。"

要帮助学生克服诊断别人的倾向，我们可以对他们强调：一个人全神贯注在什么地方，就会在自己身上培养出那样的特质。也就是说，如果他在其他孩子身上看到他不喜欢的特质，而去批判这个孩子，就会将同样的特质吸引到自己身上。因此他应该努力去帮助别人，就像是帮助自己，而不是去谴责他们。

或许我们也有可能帮助他看清楚，如果不是因为自己身上也有那么一点影子，他绝不会痛恨别人身上的那些特质。因此，他可以把对别人的粗率论断，转化成自我了解和自我蜕变的工具。

伟大人物的故事永远会带来启示。在人生第二个 6 年的学习阶段里，伟人故事具有特别强烈的冲击力，同时也可以帮助孩子塑造他的整个未来发展。

只是为了娱乐，而让孩子阅读轻浮、无意义的故事，真是令人惋惜。人类的历史创造出那么多丰富宝贵的故事、寓言和真实的事迹，可以让孩子读得津津有味，同时受益匪浅。有些故事内容真实有趣，有的机智，也有的极具启发性，有的美丽——简而言之，包含了儿童故事应具备的一切要素。

多种情感的训练

6～9 岁也是孩子学习艺术的绝佳时期：绘画、雕刻、音乐，同时让孩子开始懂得去品味伟大科学发现的浪漫本质。

感官的训练

此外，也可以教导这个年龄层的孩子，正确与错误使用身体感官的差别。例如，应该训练眼睛去欣赏真实与美好，而不是去观看丑陋与虚伪；耳朵应该受到训练，专注地吸收美善之音，倾听仁慈的语言与美妙的音乐，而不是去收听那些令人不快的新闻、残忍的言词、对别人的说长道短和刺耳的音乐。再次强调，我们全神贯注在哪里，就会变成那样。

同样的，舌头也应该经过训练，懂得享受健康的食物，同时会说善良的言语；触觉应该加以管束，让它成为意志的仆人，听从意志的召唤，绝不能允许触觉沉溺于官能享受，结果反而支配了当事人；嗅觉应该被锻炼得很敏感，闻得出新鲜花朵、药草的芬芳以及森林的气息，并要教导嗅觉避开（或是必要时忽略）恶臭，例如废气、烟味以及开空调房间的气味。

想像力的训练

想像力也应该加以训练。发展良好而健康的想像力，是创造力的泉源。我们可以给孩子提供心灵图像法，作为刺激他们想像力的方法。

举例来说，告诉他们："想象你自己住在森林里，那是一座什么样的森林？你在那里会害怕，还是会很快乐？为自己在森林里造一个家，你喜欢什么样子的家？是在空地上，还是在幽森的树林里？"

"再想想森林里的动物，它们是你的朋友吗？是否有的动物会让你害怕？如果是这样，为什么？"

"想象自己散步在森林小径上，你会遇见什么？是一只动物，还是一个人？如果是一个人，他或她看见你的时候是不是面带笑容？你有没有做什么事让他或她露出笑容？如果没有，你可以做什么事让这位朋友微笑？"

"想象森林里有一个大水塘。在水塘的中央，有一座小岛，岛上有一个杯子，安放在大理石的基座上。描述一下那个杯子是什么样子的。杯子里面有没有装着好喝的东西？有的话是什么饮料？"

"想象杯子里装的是清澈、琥珀色的神奇饮料，满溢着能使你充满精力和快乐的气泡，喝下它，突然之间，看！森林里的一切都变得愉悦、祥和而美丽，充满了阳光和希望。"

"召唤你的朋友，不管他们是谁，无论是小孩、大人或是动物，邀请他们前来和你一起享用神奇的饮料。现在，和他们一起散步，穿过整座魔法森林。"

无数类似的练习可以用来刺激孩子的想像力。这些练习可以成为他们随后绘画的主题。

有意识的兴高采烈

孩子必须学习演练兴高采烈。换句话说，大人要帮助孩子明白，兴高采烈并不只是事情顺利时才会感觉到的一种情绪。一个人必须有意识地去努力，使自己保持兴高采烈的心境，不管外在环境如何。

在生命的第二个 6 年里，肯定自我是孩子每日例行生活非常重要的一部分，尤其是在第九章建议过的，利用身体动作一再自我肯定。

音　乐

至于音乐，在生命头 6 年期间，许多孩子会比较善于欣赏音乐，而不是去制造音乐。然而，到了第二个 6 年，许多孩子应该已经准备好要制造音乐了。大人可以邀请有天赋的孩子一起练习合唱、拉小提琴，同时运用其他方法，培养他们的乐感。

舞　蹈

对于有舞蹈天赋的小孩，则可以鼓励他通过舞蹈动作来诠释音乐，不过你得先为他们示范：不同的音乐如何呼应不同的感情。

好习惯

有益身心的习惯也应该被经常教导给孩子们：清爽干净、整洁与秩序的意识、不偏不倚的心态、知足、真诚、合作精神、服务精神、责任感、尊敬他人（尤其长辈）等等。

专　注

身体的柔软操可以用来帮助孩子专注于自我——但不是以自我为中心，这完全是两回事。我指的是，专注于自己内在的能量核心，而且心情放松。有些瑜伽动作特别有助于培养这种觉知：轻柔舒缓地向着左、右、前、后伸展，每一次伸展后都要回到原来的预备动作。

全神贯注对于孩子的发展也是极为重要的。通常人们会把全神贯注和紧锁的眉头以及情绪紧张联想在一起。其实，真正的全神贯注和绷紧、用力无关。相反的，全神贯注只是意味着沉浸在一种想法或知觉里，或者是一心一意要寻求解答。这样的能力是人生中各种成功的关键。

让孩子每天都有一小段时间用来练习全神贯注，直到变成习惯。有很多有效的技巧可以培养孩子全神贯注的习惯。举个例子，提醒孩子只要他们能对要专心的事物真正感兴趣，就会自然而然地全神贯注，如一部好电影或者是一则有趣的故事。建议他们以同样的兴趣凝视一件不会移动的物体：一朵花、一根蜡烛、水晶球里的光芒，同时提醒他们，可以在内心激发出兴趣，然后向外投射。他们不需要等客观的刺激来唤醒心中的兴趣，兴趣会使得自己集中注意力，就是全神贯注的意思。

最好的情感，是那些能够使人愿意提升自己、追求崇高理想的情感。只要拥有向上攀升的愿望，次要的特质也可以几乎不花什么力气就向上提升，甚至是喜欢说长道短的倾向也可以加以超越，转化成愿意为别人牺牲生命的情操。

第十七章

意志的年纪

大人们经常对青少年感到忧心忡忡，
觉得应该克制一下他们的飞扬骄纵，
但其实他们需要的正好相反：
挑战！挑战能使他表现得更出色。

写这本书的直接灵感，来自我所做的一个梦：一群盛气凌人的十几岁大的男孩傲慢地围绕在我身边，我并不忧虑，但是我却记得梦里对他们产生的深切关怀。

梦里的情形是这样的：我们走在街上，边走边聊，而他们，就像许多青少年一样，驼着背，沉溺在自我意识里。我说："难道不是这样吗？生命应该提供我们真正值得活下去的理由。仁慈与友谊当然不只是重要而已，其实还更有价值，不是吗？快乐不值得努力去追求吗？怎么能加以驳斥，认为快乐是不可能的？"

"没错，"他们有点悲伤地感叹，"这就是我们想要的。"

我感觉到他们每个人深刻的天赋价值。他们天真无邪的意识遭到了背叛，因为他们所接受的教养，剥夺了他们原来可能信仰的一切。

在学习的四个阶段中，现代教育的问题处处明显可见。然而在青少年的岁月——生命的第三阶段，问题变得特别强烈、尖锐。

贯彻意志力的阶段

正如我已经说过的，在这一个 6 年里，孩子感觉到"测试意志力"的特殊需求。这并不是说，孩子在生命的前两个 6 年就不会去测试他的意志力，虽然他的全部心神放在发展身体觉知上面，但还是会去表达他的情绪。（很有可能在头几年里，他的表达大人并不了解。）

天生意志坚强的小孩，从襁褓时代就会强烈表达他的意愿。瑜伽阿南达曾经说过，父母为了自己的方便，经常挫折孩子的意志，实在是一项错误。然而，正如学习控制情绪的最佳时机是在生命的第二个 6 年，有意识地发展意志力并且明智地加以引导的最佳时期，是在生命的第三个阶段，一直到 18 岁。

举例来说，在孩子 12 岁之前的 6 年，只要稍加鼓励，理想主义就会自然地发展。然而，这个时候的理想主义比较倾向滥情而不实际。随着青少年表达意志力本能的萌芽，他们会开始将理想主义付诸实践，至少，这是年少轻狂的机会。可叹的是，结果经常证明：这个机会被错过了，或者根本没有被意识到。

随着青春期的来到，青少年越来越执迷于他是"他自己"——有别于其他自我，而且显著不同的自我。逐渐开始发展的"性知觉"，迫使他重新去界定自己的优先顺序——如何观照自己、如何与别人建立关系以及他对人生有什么期盼。

性知觉有可能将青少年的能量及意识往下拉，导致心灵的"沉重"。这个倾向，结合了沉迷于自我的倾向，就会造成退缩的效果，导致孩子深深觉得痛苦（苦闷）。此外，如果他天赋的心智倾向是向上发展的，这股不寻常的向下拉力也会把他带入精神困惑、迷惘的时期。

另一方面，伴随着性知觉，孩子也会意识到创造的潜在动力。这股潜力如果没有导向正确的方向，很容易就进入破坏性的轨道里。

在第三个阶段，如果心智被引导排拒他早期接受的理想主义，便可能使他完全排斥理想，而以愤世嫉俗的姿态运用所有的创造力，投入于有计划的负面行为之中。

如何鼓励一名青少年保持他最初的理想主义？其实青春期时身体和精神方面发生的变化是可以好好利用的。

正确地引导意志

青少年觉察到了本身的内在力量，这股觉醒的意识可以被引导，以落实理想主义，而不是完全否定地把理想当成无稽之梦。最初的梦想到了这个时期必须转化为实际的行动——或许更精确地加以界定，但是不要愤世嫉俗地扬弃。

青少年需要一个正义的动机：或者更好的是，充分的正义原则。他需要去做一些事情。青春期仿佛炸药：如果是在地面上爆炸，就会造成破坏；如果被周密谨慎地埋在地底下，等适当的时机在地底引爆，便可以帮助建筑道路。

青春期，如果以正确方法去接近它、了解它，会是一段美妙的时光，充满了人生最大的机会，有利于自我发展。重要的是，你必须了解，年轻人具有追求行动的天生需求，他们不需要纯粹的理论。

身体的锻炼非常重要，还有善良行为的召唤，不期待个人的报酬——自我牺牲越大越好，当然前提是不会危害到孩子的福祉。

必须用很多方式再三强调依靠自我的重要性，包括在荒野中露营、童子军活动、个人忍耐力等考验都是很好的方法。

我们也可以提供其他的考验，以培养青少年的意志力。例如，如果他觉得快要感冒了，可以试着纯粹运用意志力将病毒驱逐出体外——只要还是在感冒的初期，这是有可能办到的。

此外，还可以激励他去测试积极思考的力量，并且洞悉积极思考如何影响他自己的生活、别人的生活，以及客观的情势。积极正面而且坚强的意志力量已被证实，的确可以影响客观的事件，对意识的影响尤其良好。

大人们经常对青少年感到忧心忡忡，觉得应该克制一下他们的飞扬骄纵，但其实他们需要的正好相反：挑战！挑战能使他表现得比自己想象的更出色。但必须是吸引他自愿向前，而不是拉着他或推着他向前走。他的回应必须完全出自真心，大人们不可以勉强。

对于已经走入歧途的青少年应该怎么办呢？只要能够从 12 岁开始，就对青少年身上施以正确的引导，青春期会是人生一段美好的时光。然而，面对那么多年纪稍长的青少年，已经发展出强烈负面的行为模式，我们该如何是好？他们还有任何希望吗？

确实有希望。不过我得承认，在这种情况下，这项工作会非常棘手。上述所有的指导方针都适用，但我们必须加以辨识负面性格，同时诚实以对。然而，最重要的态度必须是：对孩子的潜能保持信心，永远不要接受他负面的自我形象。

更重要的是，理解到绝大多数孩子确实渴望真实的价值。他们的负面否定通常是理想幻灭的表征，因为他们被剥夺了信仰。

对于目前社会上环绕着年轻人的破坏性氛围，有两个途径深具潜移默化的作用。第一条途径是某种以经验为基础的深刻精神复苏；另外一条途径则是骄纵的相反：坚定而宽容的纪律。

给予爱的纪律

没有爱的纪律，永远不会真正成功。我所说的纪律，并不是指操练新兵的那种方式，这样的"纪律"只会毁掉孩子在 6～12 岁的感觉的年纪里所打下的良好基础。但是，让人们了解严格纪律的价值是有帮助的，以免把爱等同于软弱的微笑和徒劳的规劝。

许多年以前，在瑞士的军队里，有一个军团是由社会最底层、最粗野的成员组成的。这些人明明白白地拒绝任何形式的纪律：早晨想要起床才起床，要不要出操全凭自己高兴，跟他们的长官顶嘴，而且清楚表示他们蔑视这条法律——硬性规定瑞士每一名成年男子都得在军中服役。连军官都怕他们，不敢要求他们坚持纪律。

后来来了一位上校，担任这群人的顶头上司。这位上校无法忍受他们荒谬的言行与散漫的举止。因此，他下定决心，决定以严格纪律整顿涣散的军心。他的同僚们则屏息以待，看来他似乎注定失败了。

然而，这个军团竟然接受了上校的纪律要求。几个月之内，他们就变成整个陆军中纪律最严明及团队精神最高的队伍。

我不建议用类似斯巴达的方式对付青少年。然而，只要父母和老师不敢采取坚定的态度，校园里的纪律就会一团糟，而且会带来许多负面否定的影响。

不幸的是，有太多的成年人，他们比较关心的是被孩子爱，而不是去爱孩子。如果他们真心被爱过，他们就会给予孩子他们真正需求的。在青春期，孩子的意志力必须接受考验，并且予以强化，而不只是耸耸肩就能应付过去的。这仿佛是对大人的考验。

如果我失败了？

青春期心灵最敏感的担忧是：永远存在着失败的可能性。

可以肯定的是，这个威胁也从来没有远离过许多成人的心灵。

然而对青少年来说，最轻微的失态、最微不足道的笨拙举止，都可能意味着梦魇的开始，而且还会在同伴的心里，被放大到难以忘怀的荒唐程度。

因此，失败必须也言明，不能把它当成不适合公开讨论的难堪话题，因而避讳不谈。

事实上，想要达到最后的成功，失败是绝对免不了的。一个永远不失败的人，根据相同的理由，也永远不会真正成功。因为，成功应该是努力去获取成就的过程，而不是完成了什么结果。差别在哪里？如果超人可以跑赢一列火车，当然那是一项壮举，但并不是成就，因为他本来就有这个能力，并不需要克服什么。不可能失败的成果，和必须面对重重艰难的成就，大大的不同。因此，失败是学习的道具。接纳并且了解每一次失败，然后学得经验，不把失败放在心上，是迈向更高成就的重要踏脚石。

因此，说"我失败了"永远是不明智的。真正具有通向成就的勇气，就应该说："我还没有成功。"不断想起失败就是一种负面否定，就算不会真的招来失败，也会慢慢削弱意志力，为失败创造了条件。而如果能一直想着成功，即使面对不断的失败，也会给予肯定，最后必然会创造出他渴望的成就。

我们必须帮助青少年洞悉，任何人永远不曾失败，其实在某种意义上就已经是失败了。没有沾染上失败的生涯，是一则缺乏勇气的故事，或者甚至是胆怯的故事。一个人从来不敢去挑战，就无法充分发展生而为人的意义。伟大的成功是伟大胆识的结果。不管一个人失败过多少次，如果每一次挫败后，他都会站起来再一次尝试，胜利必然是属于他的。事实上，如果他的勇气从来不会竖白旗投降，他甚至可以从一败涂地中淬取出某种胜利。

如同瑜伽阿南达曾经针对心灵探索时说过的话："圣徒就是永不放弃的罪者！"

自我控制

我们应该教导青少年自律的重要性，而不只是让他们接受外在的纪律。举个例子，他可能会偶尔斋戒，或是一段时间不吃自己某种喜爱的食物；违反舒适原则去做他不想做的事；为了克服本身的自私，特意去为别人做事，这些都是很有裨益的。

服务精神是非常好的特质，但是在这股自我肯定的时代浪潮中，人们往往不懂得欣赏。忘我地融入更大的善念，这种伸展开阔的意识会让我们获得喜悦。

肯定也是一样，我们在前面已经探讨过，肯定可以是自我纪律和自我悦赏的绝佳工具。

一本关于行为举止的好书是戴尔·卡内基（Dale Carnegie）所写的《如何赢得朋友与影响别人》（*How to Win Friends and Influence People*）。在现代的社会氛围里，这个标题听起来好像是要教你如何操控别人。然而事实上，对于任何人想要学习如何敏感地对待别人时，这是一本宝贵的指南。卡内基有一句绝佳的箴言："表现出热诚，你就是热诚的人！"

事实上缺乏热诚是青春期的一个陷阱。爬出这个陷阱的绝佳办法是，在言语及行动上都兴高采烈地表现出热诚，即使是在心里感受不到任何热诚的时候。意志的外在表现越强，能量的流动就会越强，有了这股能量，一个人就能成就他着手去完成的任何事情。

精神比重"轻盈"的年轻人，往往发现自己在青少年时期处于不利的位置，因为他们的伙伴都气势汹汹地强调自我。对许多处在那个年纪的少年来说，自我似乎是一切最重要的——必须不断地加以肯定，同时要强压在别人身上，仿佛是在向他们挑战，比比看谁比较重要。通常那个年龄似乎就是如此。自我越强大，这个人就越有权势、越有吸引力，也越成功。结果就是足球英雄大受欢迎，而往往理想主义者就相对失色了。

　　只有等到年纪大一点，心里才会体悟到，我们每个人都是更大的真实的一部分，与这个真实合拍同调是非常重要的，如此才能完成生命中所有真正伟大的成就。举个例子，伟大的科学家永远不会向着宇宙大放厥词："我怎么说你怎么做！"正好相反，他们谦卑地表明："帮助我了解你所要教导我的。"

　　几年以前，我有一群朋友来加州玩。停留在加州期间，我带他们去迪斯尼乐园，在那里我们租用仅容两人的小船航行。

　　每一艘船都有看起来像方向盘的东西，但事实上是摆着好看的。我们大部分人都发现了不管我们怎么转那个驾驶盘，船还是沿着它自己的路线前进，完全由水面下的轨道控制。

　　这个时候，我和我的同伴看见一对夫妇在另一条轨道上与我们交会。我们向他们大声欢呼。那位男士的太太想要让她先生也打一声招呼。

　　"不要打扰我，"他紧张地大叫，"你难道看不出来，如果我一不留神点，我们就会撞上前面的岩石！"

　　后来他的家人可是痛痛快快地嘲笑了他一番。

　　这种情况多么类似于多数人的想象，在所有的事情上，他们就是那位促成人。他们没有理解到，生命中有无数事情就是无法控制的，最好只是去了解、接纳和适应。

　　最后，青春期的功课应该是去加强意志，而不是自我；意志才是迈向真正成熟的踏脚石。我们应该谦卑地看待这块踏脚石只不过是许多石头中的一块。跨越过所有的踏脚石，青少年就能够了解，而且感觉到，自己只是围绕在他四周的宇宙实体的一部分。

第十八章

思考的年纪

有智慧的理性思考重点是，
永远愿意重新评估最初的想法，
而不应该执著任何关于真理的观念或定义，
应该献身于真理本身。

当年轻人到达 18 岁时，他们大家突然开始聚在一起坐下来讨论政治、哲学、宗教、生命的意义以及其他抽象的主题；或者是不一样的选择：商场趋势或是最近的科学理论和发现。这种在行为举止的剧烈变化，不单单是因为他们课堂上的学习内容改变了；更有可能的是，教学方法的改变正是因为教师认知到必须调整上课题材以适应学生态度上的变化。

在这段思考的年岁里，年轻人开始会欣赏英国诗人立顿（Bulwer－lytton）的著名诗句"笔比剑更有力"所蕴含的真理。因为随着智能的开展，年轻人进入观念的迷人世界里，同时发现那里有一股强过物质界力量的力量。

明白真理的工具

在这个阶段，最重要的事，如同先前探讨过的，是要教导年轻人清晰地推理，而不仅是巧妙地推理。因为智力可以用来澄清，也可以用来模糊情境，运用的技巧几乎是一样的。智力同样可以寻求积极、有效的解决方案，或是封锁每一个值得一试的方案。一个人的意识越"沉重"，他就越有可能倾向于误用理智。说到最后，只有净化过的情感才能正确引导理论思考的智能。

理性只是一项工具、一条路径，而不是目标。我们应该教导学生诚实地运用理性，否则就会像拙劣的木匠手上握着一把犀利的工具一样，很容易失手伤到自己。

真理就存在天地之间，无法创造出来，无法扭曲，也不能否认。一个人如果喜欢，可以巧妙地玩弄真理，也可以装腔作势说服许多人。然而，最后真理总是胜利。再者，谎言迟早总是会被拆穿的。

　　我们必须用各种可能的方法，让学生信服这项事实，因为那是不容更改的。唯有真心接受，他才能够确保自己避免落入诱惑——运用理性的力量为错误的目的做似是而非的辩证。

　　历史上发生过多少次，一个人或是一整个国家，坚持错误的行动，提供了当时看起来最合乎逻辑的理由来支持他们的决定。在许多例子中，任何人相信不同的真理，就会被烙上异教徒或者叛国者的印记。

　　欧洲的君主就是如此，在教会的鼓励下，劳民伤财地召集大军出发征战，这就是历史上著名的十字军东征。号称"神圣"的宗教，以上帝的名义，拷问并且杀害传教士。成千上万的人信心十足地投资类似"南海泡泡"以及荷兰"郁金香狂热"等的经济奇谭。

　　所有曾经试图以自己的喜好模塑真理的人到最后都不名誉地失败了，不管他们曾经成功地劝服多少人暂时相信他们的理念。

　　到最后，单靠真理本身就赢了。

　　在学习智慧的理性思考时，我们应该向学生强调，永远愿意重新评价他最初的原则是非常重要的。他不应该执著任何关于真理的观念，或者单单是定义，他应该献身于真理本身。

　　如此一来，我们应该鼓励学生培养出能够拥有清晰洞见的根本特质：那就是当事实摆在眼前，证明他的意见错误时，愿意马上改变想法，完全不会抱紧先前任何意见不改。

　　以下是我建议的课堂练习：

　　让班上学生完全，甚至是满怀情感地投入一个观念，或是一项行动；然后给予他们无可批驳的证据，证明那个观念或行动竟是错误的。

让他们养成习惯，必要时立刻就能改变心智思考的方向；而且永远让他们心智罗盘的指针指向真理，绝对不会去指向个人的偏见，不管在他们眼中这项偏见是多么迷人。

在世界上甚至只有极少数的科学家有能力将他的理性和欲望完全分开。有能力这样做的人应该视为自我在迈向成熟的漫漫旅程中取得真正的胜利。因此，尽管我们只能期待少数学生在他们的心智思考里程中，拥有足够的自由进行完全澄澈的理性思考，我们还是应该尽一切努力让他们觉察到这种理性思考方式的优势。

寻找献身的信念

选择某项普遍受到支持的信念，学生投入的情感越强烈越好。许多教授已经采用了这样的做法。例如，他们会以民主为例，以赞成民主的常见论调加强学生的信念。然后，他们会指出民主制度下政府的缺点——如果他们有智慧的话，他们的愿望并不是腐蚀学生对民主的信仰，而单纯是为了帮助他们以诚实的理由，而不是情感支持的假设，建立起他们的信念。

还有一项类似的练习：让学生充满感情地投入某起著名的诉讼案件，或许是关于校园的议题，或者为了安全起见，采用好几个世纪以前的热门议题，然后看看他们是否能够公平地倾听双方的论辩。

下述练习也是相同的目的：教导他们倾听不同议题的对立观

点，尊重而非情绪化地听完别人的讲话，欣赏跟自己不同的其他推理方式。向学生展现，在任何有意义的讨论里，只有自己信服是不够的；想要说服别人的方法就是努力去了解他们的观点，接受最后呈现出来的真理，尽可能以对方的角度而非自己的字眼来答复他们的论证。

学生必须明白想要清晰论理思考的唯一方法就是没有定见的理性思考。智性明晰的人愿意接受真理，无论是处在什么样的情境，他发现自己都能够尊重别人抱持歧见的权利，不管是多么明显的谬误；他了解当他这么做时，意见（包括他自己的）反正不算数，只有真理才是唯一重要的。

在任何方面想要探求真理，不守定见都是必要的。重要的是不依附，但是不能漠不关心。诚心诚意地献身于真理本身，就可以做到"热情的冷静"。

热情而冷静的态度

那么如何培养不依附的态度？在心智上永远将事物的实相与表相区隔开来，就能发展出不依附的心态。

让我们举一个简单的例子：一则想象出来的广告，推销前所未有、新奇梦幻的饮料"梦的死"（Muddies），广告描述一大伙年轻人啜饮着这个致命的饮料，快乐地欢笑。显然，广告商试图暗示这群人的快乐完全是因为他们在畅饮"梦的死"。潜藏的信息是，喝"梦的死"就是"进入圈内"，被这个团体接纳了。"梦的死"，让我发明了一句广告词，就是"与欢乐并有的饮料"。

事实上，十之八九的人在感觉深深陷入孤寂的忧郁状态时，才会去喝"梦的死"。毫无疑问，没有饮料可以制造出快乐，因为快乐是从内心升起，是自我生成的。只有当我们将快乐的想法投射在外界事物或情境上，快乐才会油然而生。一切事物，甚至包括——让我们面对可悲的事实——"梦的死"，其效果永远是中性的，既非正面也非负面，其效用只有靠我们自己的内心予以界定。

我们甚至可以想象在正常情况下被认定为负面的情境：生理的疼痛，心智上足够超然就可以将痛感减到最低，或者完全排除。

以下就是运作的历程：

感觉本身——虽然我们宁可它不存在——基本上是中性的。接下来我们在心智上将它定义为疼痛。更进一步是我们的情绪反应："我不喜欢这种疼痛的感觉！"

在心智上将自己与情绪反应分离开来，把这个经验纯粹想成是一种感觉，拒绝在你心里将它定义为疼痛，或者是令人不愉快的。

接下来，告诉自己，既然只是一个感觉，你可以用各种方式来定义它，而不只是疼痛。记住，你所赋予的定义，将会是你自己的反应投射在这个感觉上。因此，试着将它界定为只是有趣，或是给你一个机会练习全神贯注，但是不要定义成你想要排拒的感觉。

下一步，试着根本不要去界定感觉，忘了它，去想别的事情。我曾经在牙医椅子上试过这一招，结果真的能够解决作曲上的问题，或者是写书遇到的困难。全神贯注于音乐章节中正确的和弦顺序之类的问题，我几乎没有注意到牙医在做什么。

逻辑的游戏

发展清晰的理性思考还有一个方法，就是练习绞尽脑汁但是

生命教育　　141

趣味横生的诡辩。我们可以邀请学生相互较劲，想出论证来支持某个他们知之甚详却荒谬绝顶的主张。在过程中他们会玩得很尽兴，而且有助于他们将来在真实情境中辨识出似是而非的推理。

看看这个例子：音乐剧《奥克拉荷马！》（Oklahoma!）中的好笑歌曲，天真的小姑娘唱着："我是一个不能说不的女孩。"为了替卖弄风情脱罪，她唱道："一个小伙子油嘴滑舌时怎么办……怎么办？在他眼睛里吐口水？"她的目的是要说服观众席上其他的妙龄少女，不卖弄风情是失礼的——一个女孩尽可能和越多的"小伙子"打情骂俏才能表现出她的良好教养。

或者试试下述的论证，这通常是小偷为自己闯入别人家的房子辩护时提出来的："人们必须学习花多一点心力保护自己的财产。"

我认识的一名男士，有一次滑倒在教堂的阶梯上，摔断了手臂，这个故事的道德教训是，事后他以故作严肃的声调宣称："绝对不要上教堂。"

我没有研究过诡辩的历史，但是我怀疑诡辩的原始设计并不是要用谬误的论证迷惑大众，而是一项有趣的技巧，可以帮助古希腊的哲学学生保护自己，不要掉入错误论证的陷阱里。

我们应该让学生不仅看清楚真实与虚伪推理的分别，还要让他们懂得真相与事实的差异。这是一项重要的区别，然而人们往往辨识不出来。让我以黑体字标示其间的差异，帮助你牢牢记在脑海里：

真相符合真实的**所有层面**，然而**事实**可能只与真实的**一个层面**相关。

举个例子：一个人躺在床上病得很厉害，可能看起来就像他感觉的一样糟。告诉他："你看起来真糟！"是完全符合事实的。然后这句负面的陈述可能摧残了这位可怜家伙复原的努力。

任何人说出这样的话，可能会睁着大眼睛做出无辜的样子为自己辩护："但是我只是说出真相。"

然而这样的自我辩护只不过是败坏了真相的名声！真实上，这一句陈述，虽然合乎事实，却不真。

因为真相，如同我说过的，是在所有层面上都不抵触真实。病人看起来很糟或许是一个事实，但是这个简单事实没有考虑给病人机会。例如，只要一些鼓励，他就会复元；病人要康复，为他打气非常重要。肯定他身体不错带来的疗效，甚至有点抽象的哲学论证，在他个人更深刻的层面上，才是真相。

正确的理性思考还有一个重要的方面，那就是了解推理和辨别的差异。

全面性的推理思考

如果前提错误，推理的进展就是虚妄的。然而往往推理本身不足以肩负起评价前提好坏的职责。因此，辨别的能力就显得非常有必要了。

举一个例子：我们生长在美国，相信自由是"不可剥夺的权利"，对许多人来说，这意味着他们有权利去做他们喜欢的任何事。如果有一个人在凌晨三点时把收音机开到最大音量，他可能会以下述驳斥回应邻居的抗议："这是一个自由的国家，不是吗?"

要反击他的虚伪论证只有理性思考是不够的。换句话说，你必须先感觉到他的推理似是而非。要自我检测这样一种感觉，你就得思考："等一等！这是真实的吗？"辨别能力会去衡量理性思考以及心中感觉的分量，看看推理的过程里是否"敲对了钟"，还是感觉是正确的。

许多人的推理似是而非。举个例子来讲，娱乐界忠诚地护卫暴力、色情或者其他无品味的电影，他们指出："这就是人们想看的。"然而辨别能力会回答他们："不，这是你们想要的。你们制约了人们去接受，或许甚至迟早会享受你喂给他们的，但是睁眼看看有多少次，根植于美好高贵的情操与理想的电影的卖座超过了你们这些人推出来的垃圾。"辨别能力并不是冷冰冰而且抽象的。辨别是我们咨询内在情感的结果。冷静的内在情感在牵强附会的诡辩中冲出重围，说："这是我所知道的真相。"

伟大的科学家经常运用辨别的才能，那些处理比较容易触动人性情感事务的人士，也同样经常发挥辨别的才智。缺乏辨别的能力，就没有人会知道在迷宫般的选择中，哪一条推理路线可以参照。

简单的事实解释了为什么这么多聪明人，甚至包括智商最高的人，他们会在人生中犯下极为严重的错误：他们具有理性思考的能力，但是欠缺辨别能力。

辨别能力根植于直觉。辨别是冷静的内在情感，以理性的状态维持，然而是由意识更深的层面引导的。直观是冷静的觉知，觉知到内在感觉什么是正确的，也就是心里的感觉。直觉是做出正确决定最稳靠的基石。理性主义者可能会反对，事实上他们的确如此嗤之以鼻。不过直觉辨别是他们自己有时候也会运用的能力，就像其他人一样，尽管通常是在不知觉的情况下。伟大的天才总是仰赖这样的能力。如果少了直觉区辨力，人类永远不可能发明出轮子；一旦有人发现如何生火时，也不知道该拿火怎么办。

还有别的选择吗？如果我们只仰仗逻辑，我们就会发现自己纠缠在许多可能性的乱线中，几乎动弹不得。只有依赖感觉而不是逻辑告诉自己"这是正确的路，跟着走"，也不能靠随机选择来简化问题。冷静、直观的感情不断地指出正确的决定。

觉知到真实的许多层面后，辨别才会发生，这是理所当然的，虚空之中发展不出辨别。下面是一个例子说明开阔意识的必要性。

情感能使意识开阔

几年以前在一所大学里，有两组热切想要成为作家的学生。两组学生都非常有才华，旗鼓相当。一组是女学生，另外一组则是男学生。每一组的目标都是协助其成员发展写作技巧。

男士尝试借由互相评论来达成上述目的。在他们眼中这就意味着批评。任何一份交到团体的报告都会被其他成员分析出它的缺点。

另一方面，女性的分析能力虽然也一样强，她们了解提供正面建议的附加价值。

在那群男性团体中，毕业之后，没有一个人继续努力成为专业作家。而女性团体，好几个人日后以作家、编辑和记者的身份闻名。

两个团体运用知性的分析，都非常熟练巧妙。然而男性只是运用来说明当时对他们唯一相关的真实层面：文章。女性的运用则涵盖了其他真实层面：每一位成员最重要的需求是相信自己和其他人的能力。两个团体或许都进行了同样澄澈的理性思考，然而却没有达到相同的效果。

课堂上一项值得好好去做的练习是，成立一些积极正向的小团体。

我们已很熟悉那些负面形态的小团体了，人们坐下来互相撕扯彼此，直到心理破碎。这个传统绝对不是新创的。

我相信，另外一种形态的小团体好多了：在小团体里面，学生以真正的慈悲互相提供建议，例如，如何加强他们正向的特质。在过程里，每一名成员都是在协助自己发展这些正向的特质，甚至是不知不觉的。

年轻人必须学习如何好好地理性思考，而且要产生好的效果。换句话说，就是要合宜适当。他们必须学习如何去辨识什么时候是分析思考的正确时机，将事情与概念一一区分清楚；什么时候应该合起来探讨，整体必须和谐。智能必须学习什么时候在抽象的层面运作，什么时刻该转到鼓励和同情的层面。

智能必须邀请感情加入，以识别出事实上真实的许多层面。

如我先前所述，成熟意味着有能力将自己的实体与其他实体恰如其分地相连在一起。那么在人事上就意味着有能力与其他人的实体产生关系，而不只是和他们恰巧卷入某事从而发生关系。

上述的例证讲的是想要当作家的学生需要发展，远超过他们写的文章。男士的失败是因为他们主要将对方当成文章的出品人而不是一个人来相互对待。女士成功了是因为她们符合现代流行的表达方式，弄对了优先顺序。

区辨的能力是要能够立刻认知到实体的各种不同层面，同时察觉出在当时的情境下，哪些层面是最重要的。

不懂得谦卑就不可能区辨，因为要做区辨首先得要了解，真相已经存在了，真相无法去创造出来，只能够去认知。

关于谦卑我们还应该教导学生尊重别人的见解，尤其是尊重文明源远流长的旋律与传统。这些已经被接受的真理，历久而弥新，它们澄清了智慧与无知的差异。

当前比颠扑不破的传统更重要的是耳目一新，耳目一新之中蕴含了创造力，创造力之中蕴含了自我拓展。叙述巧妙的定义或许可以帮助我们提升了解的层次，然而没有一个定义能够取代它们界定的实体。我们应该鼓励学生，永远准备好扬弃旧的定义，支持更全面的新洞见，看透实体。

第十九章

课程

这套建议课程包括了所有标准的学术科目。
差别只在于它们的定义方式，
使得这些学科是去邀请
富有创造力的"生命教育"原则加入教育行列。

三百年以前，英格兰有一群人为了获得信仰自由，而以清教徒的姿态来到新世界，建立了一百年以后成为美利坚合众国的殖民地。

　　他们离开英格兰的理由是：在那里，传统的负担使得他们难以安身立命于新的认同里。或许他们的困难不仅仅是因为受到迫害，也因为只要一个人仍然被固有的生活和思考方式所包围，要展开新生活的话，从来就不是容易的事。

　　怀抱新梦想的年轻人通常都必须离开家庭去实现他们的理想。著名的小提琴家弗瑞兹·克莱斯勒（Fritz Kreisler）离开奥地利而到美国去实践他的音乐使命。他母亲试图劝阻他的离家远去。多年之后他表示："假使当年我听从了母亲的话，我就永远不会成为弗瑞兹·克莱斯勒。"

　　即使在最有利的条件配合下，改变，仍旧很少有轻松容易的。英格兰清教徒移民抵达美洲一百年之后，殖民地欣欣向荣起来；然而越来越明显的事实是，第一批移民所寻求的自由，并且也是后继移民的梦想，仍然需要一个比较清晰的定义。因为新的精神在此滋长，只要新世界继续维持殖民地的地位，就无法繁荣兴盛。

　　英格兰感觉到这股新精神带来的威胁，并且尝试镇压，此乃意料中的事。依据英国长久树立的标准来看，殖民地进行的许多事情近乎叛逆。但是简单的事实是，美国需要一个自我认同。只有在古老的传统通过美国革命（当然以英国的观点来看美国是在叛乱）被推翻之后，同时美国宪法树立了新的传统，新精神才能够在历史上取得真正的地位。新观念需要一片全新的土壤才能开出繁花。在古老的框架里，光是传统的重负就会让它们窒息。

　　显而易见的，本书所涵盖的观念并不会引发一场重大革命。

然而，我们必须考虑将这些观念放在新的架构里，因为或许只有在一个全新的学校体系里，这些观念才能扎根生长。

这样一个学校，或者应该说是学校集团，已经存在了，我们会在下一章里加以描述。

当然，如果现在的学校体系能够直接吸纳这些观念，那就是快乐幸福的圆满结局了。然而，在目前的情况下，要接纳这些观念，得先打好地基。其中一个步骤将会是采用新的学习课程。

为每个学科重新定义与命名

美国各级学校目前的课程可以经过调整，以配合本书所述的理念。不幸的是，这种调整都会类似心脏移植手术，身体的细胞把它当作外来敌人加以排斥。传统的科目几乎无可避免地迟早会重新采取旧有的定义。科学、数学、社会科学、语文和人文科学会慢慢关上大门；拒绝"生命教育"系统这位冒失的僭越者。当然，如果是将"生命教育"系统统整进入平常的课程里，会比强制旧体系激烈变革容易多了。或许全部要做的工作只是重新定义已经被长久接纳的学科，而不是重新建构这些范畴。

事实上，名副其实的任何教育都必须将现代知识的基础传授给孩童。而这些基础包括前述课程的所有范畴。或许我所提议的变革可以纳入到目前的课程里，只要赋予每个学科新的命名。事实上，没有必要放弃课程本身，甚至毋须激烈地变革。

同样的道理，美国需要的只是重新被定义为一个国家而不是"美洲殖民地"——同时通过它的宪法，周密谨慎地加以定义——它就可以充分地履践它被赋予的角色。

因此，以下是我对新课程的建议——即使是在现有体系之内，我想也是行得通的——请注意这套建议课程包括了所有标准的学术科目。而主要的不同是，我对它们的定义方式，使得这些学科是去邀请，而不仅仅是容忍富有创造力的"生命教育"原则加入教育行列。

我们的地球——我们的宇宙

毫无疑问的，标准学习范畴之一的"科学"，其实是没有生命力的称谓、没有诗意的文字、没有曲调的音乐，它所唤起的意象只是实验室里的试管，而不是对大自然的赞叹。

为什么不为这个范畴创造新的定义，命名为"我们的地球——我们的宇宙"呢？这个名字可以涵盖目前"科学"这枯燥的名称底下所教导的一切，同时还包括了对于宇宙严谨秩序的联想、对于星球生命生态平衡的欣赏、面对宇宙奥秘油然而生的敬畏意识，如同爱因斯坦所言，这正是伟大科学发现的本质。

这样的称谓将会引领学生与宇宙产生和谐的关系，感觉到自己是万有的一部分，而不只是知性的观察者，去观察周围发生的事情。

"我们的地球——我们的宇宙"意味着对现实逐渐延伸拓展的观照。它会鼓励学生以整体的观点来思考宇宙，发现相互之间独特以及普遍之处。它甚至涵盖了物理法则和更高原则之间的比较。举个例子来说，牛顿的运动定律可以涵盖现实其他层面的作用力与反作用力法则。我们可以检测地心引力及电磁场力与比较高远的磁场之间可能的联结。不管用什么方法，总之，这门学科可以提供一个野视：宇宙本身并不是静止不动的，而是与生命一起脉动的。这么一来，原来只是各个事实的总目录，"我们的地球——我们的宇宙"可以使得科学本身，传统上是所有学习中最知性的科目，成为感动和启示学生的学习。对于那些有兴趣在这个主题上进一步追索我的想法的读者，我会建议他们读我的另一本著作《现代思想的危机》（*Crises in Modern Thought*）。

分支科学也一样，不应该被当成分门别类的学问来传授，而应是一个整体在不同层面的呈现。如此一来，对学生而言，自然就会展现出全面的统一，因此有助于教育基本目标的完成：成熟。毕竟，如果能在相互之间有意义的关系架构下，以及最终和学生本身相关的脉络下，观测这些有歧义的实体，要比和这些实体产生关系容易得多。

"我们的地球——我们的宇宙"作为概括的标题可以包含以下特定的学科：物理学、天文学、化学、生物学、普及科学、植物学、地质学和解剖学。

个人发展

在"个人发展"这个标题之下的主题囊括了很广的范围，从生理发展到心智与心灵的发展。

生理发展包括卫生、饮食、性教育、运动和一般的体育。

心智发展包括专注的课程与柔软体操、解决问题、如何培养记忆力、平衡生活的诀窍、如何获得并且维持内在的凝聚意识、自我控制，以及令人喜悦的自律。

心灵发展包括快乐的秘诀，以及下述态度的指导：心灵与心智的开放、真诚、不依附、情感的冷静、自动自发、服务精神，以及谦卑。同时还包括心灵的修炼，例如自我肯定、心灵图像以及静坐冥想。

自我表达与沟通

第三个范畴涵括的教学，例如数学与文法，两者都是帮助一个人达到心智清明澄澈的方法。

这里所囊括的主题还有：如何培养创造力、如何在各个不同领域里展现不同的创意。科目可以包括艺术，诠释舞蹈、音乐作曲、音乐欣赏、创意写作；还有指导学生如何培养更多应用且有用的技艺，例如木工、电脑科技、公众演讲和推销术（只是为了表示学习领域非常宽广）。

学习自我表达的学生，我们应该教他成功的法则，以及真正的成功与"昙花一现"的名气之间的区别，后者往往导致怀才不遇的失意。

我们应该教导学生一个人的声音也是自我表达的媒介，演讲或唱歌时如何运用声音达到最大效果，如何发展个人的语调和感情饱满的弦外之音，如何运用声音传达个人的思想与情感，如何对着一大群听众以声音表演。

最重要的是，我们应该教导孩子自我表达是为了沟通，而不应该把自我表达想成只是为了将自己的观点强加在别人身上。

了解人

"了解人"的范畴包括历史、地理、心理学、不同文化习俗与

生命教育　　153

信仰的研究，以及参照世界各地人们内心对人生最深刻的向往来评价这些文化的风俗。

以这种方式教导的历史将会自动扩展视野，超越通常的命名，以及对日期和抽象事件的背诵，一一列举，仿佛人类的历史只是一堆统计数字。

用这种方式教导的地理课，会强调气候、历史、语言、面对与克服挑战、人民的富裕或贫穷，以及宗教、地理位置（岛屿或者大陆，山地还是平原，肥沃或贫瘠）等等因素对文化发展的影响。将这些主题放入"了解人"的脉络中，教师会发现要维持学生的兴趣容易多了。因为，打个比方，大部分的人在他们出现的相片中第一眼寻找的就是——自己。

长久以来，教导心理学的研究方式就是着重变态心理学的临床经验。现在应该是退后一步问问自己比较实际而且切身的问题的时候了：正常人对人生的渴望是什么？他们在追求圆满实现与快乐方面多么有效能？哪些途径最有效？哪些途径一无所获？这个主题有无穷无尽的分支。我想提醒的重点是，学习途径必须是从学生自己的兴趣与渴望出发的，这么一来，才能切身而实际。

教导社会学，可以不那么强调统计学上的发现，而将重点放在（如同我对心理学的建议）人自身的利害关系上：什么样的运动和发展对社会大众最有利？为什么？比较精英领导群众的自主觉醒不同的效果；探讨革命性的变化往往起自奉献的小团体；还有顺理成章的，少数人带动社会重大变革的力量。

合 作

第五个概括范畴命名为"合作"，为的是要积极强调"合作"

在这些科目的重要意义；平常这些科目的学习并没有充分参照到它们的主要对象——人。

可以包括在这里的课程是那些能够立即带来帮助的主题，例如，如何赢得朋友，如何影响别人（借用戴尔·卡内基的书名），如何与人相处，如何找到合适的伴侣及幸福、婚姻的秘诀，如何教养孩子，如何找工作，与别人合作而不对立的重要性、支持性，领导的艺术，如何培养个人魅力。

在"合作"标题下的语文教学，会引导孩子学习语文作为沟通工具，目的是与人交谈，而不是把学语言视作抽象的头脑体操；倾听并且吸收语言的情感微妙之处，让语言不仅仅是交换理念。语文同样适合放在"自我表达与沟通"的范畴里，我建议把它也涵括在"合作"标题之下，只是为了强调这种沟通形式的分享层面。我将下述的主题放在这个标题下也是相同的理由。

举个例子，政治学这个主题，可以，也一向是以马基亚维里（Machiavellian）的见解为立足点来研习的，他将政治等同于权力，操控和主宰别人。生命教育系统的学生应该得到协助，以了解利用别人达到自己的目的，最终仍免不了要导致自己的覆没的事实。成功的统治也不仅仅是给予人民他们想要的，或者是，你认为他们向往的。最重要的是，行政必须合于真理，合于更高的法律。不去强调合作的政治学很容易堕落为充满斗争精神的学习。下述的学科也是如此。

经济学表面上看来是最不适合放在"合作"标题下的主题。我把它放在这里是希望赋予它新的重点，尽可能减少那些为它赢得"沉闷科学"恶名的相关层面，同时强调经济学服务人类需求的机会，即是促进创造力的发展，而不是阻碍创造力。

同样的重点也适用于商业。如同瑜伽阿南达常说的，商业应该经营成为别人的服务。唯有如此，商业才能对自我带来伸展开阔而非收缩拘谨的影响。

整体意识

　　现在我们有了五门学科，其中四科（个人发展、自我表达与沟通、了解人、合作）明确地指向生命教育的原则。而第五门学科——"我们的地球——我们的宇宙"，之所以如此命名，是为了与这些原则可以相容。

　　上述学科可以比拟成一个轮子的辐条，从轴心向外辐射；而这个轴心就是人道关怀。不管一个人是如何理解"对人类最为恰当的研究就是人本身"这句谚语的，所有人都必须承认，人性本质是没有人可以逃避的焦点，不管他的意图是多么的伸展开阔。我们每个人以自己的了解能力构筑了他对宇宙的认知。最遥远的星河出现在我们的觉知里，只因为人们先是看到星河，然后再尝试了解他所看到的。他对万有的了解界定了他就是他。其他的物种或是另一个文明对相同星河实体的看法，或许是任何天文学家从来没有想到过的。

　　每一门学科的相关性应该放在"人性需求"以及"我们自己的了解能力"这两条脉络中来考察。我们在学校学习每一门学科时也都应该研究它和其他学科的相互参照。

　　举例来说，科学已经发展出一种方式，可以提供一项新的工具来了解知识的所有支脉，对于其他的学问，科学方法（假说通过实验检测）只需要被重新陈述为"信念通过经济检测"。在本质上，这两道公式是一样的。

虽然在所有的领域中，我们都会认知到任何独特学问与其他学问之间的相互参照，但是这样的认识必然是表面且肤浅的。例如，在历史课上，教师或许会努力指出历史与艺术表现形式发展的关系，然而即使是如此，学习焦点还是在历史，而非艺术。在生物课里，老师或许会试图呈现出生物与政治口号"适者生存"之间的关系，但焦点主要还是得摆在生物学上。

将"整体意识"本身当成一门学科的好处是，我们可以立足于人道关怀的轴心，来观照其他所有的学问。

在"整体意识"的标题下，我们可以列入艺术与音乐欣赏、文学、哲学与宗教之类的广泛课题，心灵发展本身会列入个人发展。

在教导这些主题时，教师应该不断去参照列在其他标题下的学科。如此一来，教师所传授的知识立刻变得真实而实际，而不会像传统学校经常发生的状况：只是一堆抽象知识。

教师应该呈现出艺术、音乐、文学与人性追求完美之间的关联，而不只是赋予美学上的意涵。美学上好与坏的定夺问题应该加以延伸，超越美与实用主义的争议，而去问：从你和我对人生寄望的角度来看，这些问题究竟有什么意义？这些艺术家表达出来的东西对我们最深刻的需求有意义吗？如果有的话，在哪方面？

哲学可以从两个观点来教导：第一是爱智（古希望文的 philos 本意为爱，sophia 代表智慧，合起来就是 Philosophy，哲学），因此这样的教学就会比较偏向理论而抽象。第二个角度，引导孩子真正去获得智慧，这句话的意义，用日常实际用语来说，就是要通情达理。

"整体意识"可以强调身体与心灵的相互关系，以及在追求成熟的历程中发展两者的重要性。

　　最后，"整体意识"可以教导学生如何达到完美的自我统整，以及内在地统整和个人有效行动与他人互动能力间的关系。

第二十章

阿南达学校

阿南达（Ananda）是梵语的喜悦之意。
奇妙的是，
阿南达社区真的是一个
洋溢喜悦的社区。

这本书建议的教育系统并不只是一个提案，它同时也是一份在我们这个时代实际发展的报告。这些书页中的许多观念经过好几十年的验证，而得以修整。这些实践包括将近三十年的教学经验：从幼儿园到中学的一个学校集团，名称是阿南达学校（Ananda Schools）。

　　阿南达学校系统已经脱离初创时期，但是规模仍然很小。它的成长一直保持着有机性，也因为这个原因，阿南达学校从来不曾被广泛曝光过。不过在教育圈子里，它的名声与日俱增。

　　不久以前，伊利诺州有一对夫妇询问了美国东部各州的好几个机构，问是否知道有一所学校除了教导标准课程之外，也教育孩子生活的艺术。不止一家机构的答复是："如果以此为宗旨，最好的学校是阿南达学校，位于加州，靠近内华达市。"

　　佛罗里达的另一对夫妇也进行了类似的询问，得到同样的答复。

　　换句话说，这本书建议的许多原则已经在阿南达学校实践多年，而且越来越为人所了解。这些原则的效能在相当大的程度上已经通过验证了。

　　不过，有一些在这本书里提出来的理念是为了维持有机成长的原则，在阿南达学校里，这些仍然在努力当中。我想要在这些篇幅做到的是，重新评价我们努力想要达成的目标，同时检视我们的方向是否能够结晶成一套清晰、连贯的系统，随着这本书的出版，第一次被称为"生命教育"。

　　这本书也提出了美国教育上比较概括性的议题，着眼点在于找到方法，使得这个国家目前的教育体制能够获得改善。

阿南达的喜悦

我先前提到过，命运引导我去建立一个社区。这个社区在1966年创设，已有将近三十年的历史了。社区是较大的本体，阿南达学校只是其中一部分。社区和学校有相同的名字：阿南达。

阿南达（Ananda）是梵语，意指"喜悦"。奇妙的是，在阿南达社区真的努力做到了"喜悦"，并履践了自己的名字，而且远近驰名，国内及国际上都一样，是一个洋溢喜悦的社区。阿南达村，有各种不同的附属机构，目前的成员大约800名，他们都致力于探索蕴含在生命教育中的原则，并且遵循原则生活。

阿南达社区广布各处，在加州就有三个，分别位在靠近内华达市的沙加缅度（Sacramento）、帕乐奥土（Palo Alto）和山景（Mountain View）。在邻近俄勒岗的波特兰（Portland）也有一个欣欣向荣的社区。第五个位于华盛顿州，靠近西雅图的地方。甚至在意大利的阿西西（Assisi）附近也有一个非常活跃的社区。好几个阿南达社区里都有兴盛的阿南达学校，尤其是位于加州内华达市附近以及帕乐奥土的两所最为知名。在这些社区当中，第一个成立也是规模最大的阿南达村，靠近内华达市，占地700亩，坐落在加州北部内华达山脚下的丘陵地带。

阿南达村事实上如同它名字透露的，是一个村庄，而不是公社。它的成员大部分住在各自家里。有些人有自己的事业，也雇用其他成员。其他人为社区拥有的事业工作。

阿南达学校是社区生活里不可分割的一部分。参与的学生不仅仅是社区内的一百多名孩子，还有外面来的学生。

阿南达学校的目标是教导孩子生活的艺术，同时额外地传授他们传统教育教导的知识。在这里，教导的原则由老师和孩子一道经过从错误中的学习过程而以加实践。

　　阿南达村虽伫立于城市与郊区生活的主流之外（我们大部分的分支社区并非如此），但这绝对不意味着它拒绝这个我们也是其中一部分的社会。然而空间上的隔绝，让我们能够以新颖而富创意的眼光来研究许多当代的社会问题（就像第一批清教徒移民来到新世界定居时一样）。我们所一直追求，而且会不断探索下去的，是最适合于社会整体意义的答案，而不只是关乎我们这一小族人的利益。

追寻积极意义

　　因此，我们的取向是积极肯定的，而不是负面反动的。虽然我们从人们可能定义为现代生活的尘嚣中退出来到某种程度，但我们从来不曾偏离现代人对成长与自我发现的探索。我们相信人潜藏的善良，而且我们相信自己内心的善良，并从一开始就充满信心。我们深信有机会达到目标，通过创造性的方式献身于生活的艺术，为社会的许多疾病找到新颖而有效的解决方案。我们的信心并没有错置。我们相信我们找到的，正是全世界各地的人都可以学习的方法，以便和谐而且富建设性地生活在一起，生活在幸福之中。

　　建村不久，阿南达学校就成立了，以适应逐渐成长的社区中孩子的需求。我们一开始就很幸运，拥有一些政府认定资格的教师。

事实上，在许多专业领域上的认证资格，长久以来一直是阿南达的一个优势。社区成员目前包括了相当多在他们的领域里地位崇高的专业人才。起初我们的问题并不是如何去创造一所学校，而是如何从生活艺术的立足点去革新教育。我们没有一个人满意目前被采纳的教育规范。

阿南达的教师研究了各种不同的进步教育系统。我们并不执著于教育上的任何教条，只是想要找到最好的方式。不过我们努力追求的许多基石都是在印度的兰契（Ranchi）实践的，这是本世纪初伟大的精神领袖瑜伽阿南达设立的学校。受到他努力成果的启示，我们跟随他，信奉成长中的孩子必须学习如何生活在这个世界上，而不只是以如何找到并保住一个工作为基本教育的前提。他或她必须懂得如何明智、快乐而且成功地生活着，不违背自己深层的内在需求；同时不会抱着金钱和舒适的家会给予他所有人性真正向往的期望来面对生活。

我们也急切地向任何一位可以教导我们的人学习。虽然说我们研究过的所有体系，除了瑜伽阿南达提出来的雏形概念之外，其他的都让我们感觉到不完备，但渐渐的，直接经验促使我们有了清晰的想法。生活本身取代了书本成为我们的老师。

生命教育的发展

我们发展出来的"生命教育"系统，在标准学术规范的层次上也能得到认同是很重要的。我们的孩子需要有充分的能力和这个国家其他各地的孩子竞争。

事实上，在全国的竞赛考试中，阿南达小孩的心智经过检测，平均领先了同年龄小孩两年。然而，他们主要的资格认定永远是他们和其他各地小孩相比，甚至和大他们许多的小孩相比时，所表现出来的成熟度。当阿南达的孩子从我们学校毕业后，进入公立的高中体系，他们的同辈也视他们为杰出人才。

最近在一所地方高中的毕业颁奖典礼上，"最具启发性运动员奖"在最后颁发。

教练在颁发奖项之前，发表了一段极特别的感言，大意如下：

"当迈克以新生身份第一次进入这所学校时，我承认我并不喜欢他，也不想和他共事。"

"然后他离开这一年去念一所私立学校，当他回来念第三年和第四年时，发生在他身上的改变真是惊人。这么大的变化，使得他在我们所有运动员之中迅速脱颖而出，成为最具启发性的运动员。四年以前，我绝对想不到有一天，我会颁给迈克这个奖，现在我感觉无上光荣地颁给他。"

迈克的成绩在他回到这所高中后，也显现出令人刮目相看的进步。

迈克在第二年上的私立学校就是阿南达学校（注：阿南达学校曾经设有一所中学，这部分的课程可能很快就会重新设立），他在那里只待了一年，因为他说，他觉得自己"有必要回到他最初表现得很糟糕的那所学校，而且，好好地表现一番"。

在美国和加拿大，有上千的成人上过我们原来称之为"如何生活"这个教育系统下的课程。这项课程有一位教师麦可·德瑞尼亚（Michael Deranja），从一开始他就帮忙发展了阿南达的教育系统。

在德瑞尼亚与阿南达小孩的相处经验中，他从一开始就很显著的特征是：也向孩子学习谦卑，以及根据每一个孩子个别的需求帮助他们树立同情心。如果欠缺谦卑、同情以及专业能力的不寻常组合的话，在这里提出来的"生命教育"系统是否真的能够成形，就实在令人怀疑了。

在我们学校一则关于同情的范例，可以在桑蒂的身上看到。桑蒂在阿南达从四年级念到八年级。在她刚入学时，她对数学的厌恶十分强烈，任何想要吸引她进入这个世界的努力只会让她啜泣。

德瑞尼亚不去强迫她，却尝试一步一步慢慢地引导她，逐步取得胜利。等到她离开阿南达学校时，数学在所有学科之中，已成为她最喜爱的科目。她整个中学生涯都维持了相同的兴趣。在中学毕业的时候，那是德瑞尼亚最后一次见到她，她告诉他，她的梦想是成为一名会计师。

同情帮助我们发展出一套不教条、不光讲理论，而是健全、实际的教育系统。

在看过"生命教育"系统在阿南达活生生的示范后，剩下的问题就是这样一套系统是否也适用于其他各地的学校。答案必须像这套系统本身一样实事求是。因为虽然大部分人，或许会喜欢看见至少部分原则被纳入普通学校的课程里。我们不能蒙蔽自己，看不清楚某些现实：目前的体制是这么的庞大，为了得到接纳，妥协是有必要的。

一只大象比一只老鼠难以推动。世界上最大的公司 Exxon，单单为了将它的美国名字从 Esso 改成 Exxon，就花掉了五千万美金。既有体制，不管是在商场上、政界或教育界，既然被称为既有体制，正是因为它已经屹立不倒了；而事实上是被一个或许是太过庞大的惯性结构巩固着，即使是发动一场革命，也无法彻底地撼动，即使是小小的改变也需要耗费不成比例的浩瀚精力。

我想我们必须认命，看着"生命教育"的原则只能逐步地被纳入业已巩固的体制里，而且非常可能的是，我甚至包括你，终其一生，都看不到。然而不要为延迟的接纳感到失望，这就是生活里的现实面。此外，只要有一些孩子得到帮助，这套系统的贡献就不容抹杀了。

在这里我想起美国学者柏克明斯特·富勒（Buckminster Fuller）曾经说过的一件事。当时他80岁，可说是人生的终点了。一名电台记者问他："难道你不会有气馁的时候吗？又演说又写作，费了这么多心力来宣传你的想法，结果却发现那么少的人愿意接受。"

"一点也不，"富勒以完全的平静回答，"新观念永远都需要至少一个世纪才能多少被接受。我知道我不会活着看到我的想法实现。但是我有信心，这些观念到了未来的时代是会被接受的。"

很有可能，这本书所提的建议，一开始只能获得部分私立学校的采纳，而且是规模非常小的学校。或许，阿南达学校系统本身，也要经过好多年，这个提案才能获得完全的接纳。毫无疑问，这也是比较好的方式。这样才能够保证这套系统有一个清清楚楚不受阻碍的起始点。有了好的开始，这套系统接下来可能会慢慢伸展到其他的学校，而且要等好几十年之后，才能进公立学校系统，如果进得去的话。然而，这些观念的冲击力，我想，立刻就会显现出来了。正是因为如此，新观念往往能进入主流里——虽然是来自地下，几乎不受注意，但人们仍能感受到水里有一股前所未有的清凉。

我先前提过的伟大的德国物理学家普朗克曾以挖苦的语气评论道，新的科学概念之所以被接纳，主要并不是因为它在逻辑上的说服力，而是因为上一个时代的科学家都不在人世了，而由熟悉这个观念的新一代科学家接棒。

我们应该了解的重点是，在教育上，这些概念最初要得到接纳所遭逢的问题，很有可能并不是因为美国人的心灵还没有准备好。美国人普遍强烈地意识到教育体系变革的必要性。事实上，问题在于现有系统的机制太过累赘，不允许被轻易地改造或是迅速吸收新观念。

第二十一章

起而行

饱览群书的人，
以读过的书籍数量和背下来的事实为傲，
然而，他只不过是在真实的冰封表面上滑冰。

一名5岁的阿南达小孩，有一次陪妈妈到靠近内华达市的一家洗衣店去。在那里，他们两人目睹一名妇人竟为了鸡毛蒜皮的过错，而生气地责骂她的小男孩。这个阿南达小孩震惊地转向她的母亲，轻声地问道："为什么那位妈妈这么不乖？"

　　我在前一章提出的两个问题，可以如下重述一遍：第一，在靠近北美大陆西岸一个小社区发展出来的"生命教育"系统能够证明对处于现代生活中熙熙攘攘、拥挤不堪主流下的学校有用吗？第二，为什么在那里成长的小孩一旦长大之后，会期待和21世纪的世界建立真实而且实际的关系？

　　在这本书里，我们将"成熟"界定为"有能力和自己以外的实体建立联结"。按照这样的定义，考验孩子和那些实体建立关系的能力岂不是必要的吗？事实上，让孩子熟悉不也是必要的吗？

　　上述那位阿南达小孩，在看到一名成年妇女乱发脾气的震惊后，是在表示他对一桩现实的不熟悉，而这个事实对大部分美国人都已经习惯了。有人会怀疑，让一个小孩完全脱离现实虽然令人遗憾，但是日日发生的现实，是好的吗？

　　简而言之，一名在爱与和谐气氛下长大的小孩，在突然面对愤怒及不和谐时，如何自处？相对于那些把自私与负面否定当成是生活中简单事实的人，他不会发现自己处在严重不利的位置吗？

　　在这里有一幅意象跑到我的脑海里，有一个人为了要掌握人类所有的知识，而决定要读遍每一本被写下来的书，这项工作当然是不可能完成的。即使可能做到，我们的脑袋也绝对吸收不了如此浩瀚似汪洋的信息。

　　世界上饱鉴群籍的人，以自己读书的数量和能够立刻记忆的事实有多少来傲视他人，然而他只不过是在"真实"的冰封表面上滑冰。

成熟的真义

所谓成熟，应被界定为与他人的实体建立关系的能力，而未必意味着有必要去猎取无数的实体以产生关系。事实上，一个人越成熟，他的内在就越安定（并不是指自私），然后就像一个轮子，已经完全平衡于它的内心。因此，他就越不可能倾向于向外追求他本身之外的实现。

除了其他的涵义，成熟意味着内在均衡的状态，处于这样的状态，没有任何事物可以摇撼一个人的平静安详。也只有在这样的平衡状态下，一个人可以有效地和各种形形色色的实体建立联结，无论这些实体多么的异于他自己真实的人生经验。

我们每个人都有必须处理自己内在负面情绪的时候。愤怒、恐惧、好斗，以及其他人性弱点，都并非我们身上的异物，而是像太阳周围有一层光晕一般。平和的学校和家庭气氛，以及焦点放在教养一个孩子达到情绪成熟的教育，皆会让孩子更容易去处理自己内在负面情绪的那一部分。这并不意味着将负面否定驱逐出境，让它不存在，相反的，孩子们将学习到以开放的心灵和负面情绪正面交锋并且加以克服。

一旦一个人内在的负面情绪经过调整，而不全然陷溺其中，那他在与别人相处时就比较容易客观地面对对方的负面与否定。举个例子来说，处理愤怒的最佳办法是不要争吵，以致让自己也发了脾气，而是要以无法撼动的冷静与之交锋。内在不动如山的人才会天下无敌，让人佩服；而往往他在场时，其他人会收起自己的愤怒。

在这本书里，我提到过伸展开放的觉知是成熟的一个目标。我们不妨将这样的伸展开放比拟成基座的宽广底座。一个基座有了宽广的底座就不容易倾覆。同样的，一个人的觉知越伸展开阔，任何人或任何环境就越不容易扰乱他。

哪一种人能够在任何情境下怡然自处？是什么事情都很容易扰乱他的人，还是在每一次风暴中保持冷静的人？

如同英国文人吉卜龄（Rudyard Kipling）所言：

当你身边所有人都失了魂掉了脑袋，

而且责怪你时，如果你能够保持脑袋冷静，……

那么你就称得上是男子汉，我的儿子。

在阿南达学校教导的生命教育系统中，也让孩子准备好以另一种方式迎向挑战。因为我们对别人有什么期待，就经常会得到那样的结果。如果我们质疑别人的诚意，甚至是最好的人也可能禁不住要挑战我们的诚意，以证实我们对他们的负面期待。但是，另一方面，如果我们相信他们，即使是最坏的人也可能尽力来证明我们的信赖。

慈悲、善意、合作精神，以及类似的正面特质，如果富有活力地呈现出来、具有强大的磁力，通常会引出对方相同的回应。再者，即使对方没有表现出正面的回应，负面回应的伤害效果也必定会减到最小。

即使在最不利的处境下，生命教育系统证明了它站得住脚，它是可以实践的，它不是只为了少数人的系统，它是为了所有的人。无论一个人住在山区或是城市里的贫民窟，它的原则到处都可以实践。

然而，问题依然存在：如何采纳这套新系统？

如同我们在上一章指出的，一开始，将"生命教育"系统纳入小规模的私立学校是最简单的途径。因为那些在教育体制中推动一个新概念的人，必须面对的铜墙铁壁的心态能够越少，就越好。

如果能够重新开始，设立一家新的阿南达学校，就再好不过了。这样的分校可以提供两点之间最短的距离：在理想主义的意图和实际的实现之间拉一条直线。

然而，这本书的许多概念，虽然或许不容易整体纳入既有的环境里，仍可以慢慢地引进，或许一次一个，或是一些而已。事实上，这些理论可以付诸实现的可能性很大，例如，在许多郊外社区里，尤其是较小型的社区，如果住在那里的人已经彻底绝望，拼命想要拥抱改革的话。

拜访阿南达学校是展开这段历程显而易见的方法。第一手的观察永远胜过道听途说。

还有另外一个可能性：阿南达学校当局的一项副产品是"生命教育"系统的一个顾问团。这些顾问有一项功能，就是接受各地的任何邀约，上课传授本书概述的原则，并且主持讨论会，同时提出建议如何将这些原则，无论是整体的或部分的，纳入其他学校系统的办法。

只要有一些美国社区成功地采纳这些原则，我们就有了显著的起步，朝着解决今日美国社会面对的几个最深刻的问题努力前进。

若想要获得更进一步的资讯，请与我们联络：

Education for Life Foundation

Ananda Village

14618 Tyler－Foote Road

Nevada city，CA 95959

Telephone：(916) 478－7640

附录　生命教育基金会

　　"生命教育"是一套教育系统，它和生命本身有相同的目标：在心灵与心智、身体与精神的各个层面上逐渐进步，变成比较平衡、成熟、有效率、快乐、和谐的人。生命教育基金会在下列学校实践其原则：

中小学

Ananda School, Ananda Village, Nevada City, CA

Ananda School on the Peninusala, Palo Alto, CA

Ananda School Portland, Portland, OR

Sacramento School for Living, Sacrmente, CA

Ananda School Seifen/Forst, Germany

工作坊

　　来自生命教育基金会的讲师，为教师和父母团体主办在职训练。生命教育系统研讨会教导如下的课题：

　　一、如何培养每一个孩子，让他身体、心智、情感和意志力均衡发展。

二、如何给予所有孩子动力，让他们充分发挥自己天赋的优点和能力。

三、如何创造生动、有趣而且焦点集中的学习气氛。

四、与整个团体共事时，如何找到个人的纪律要求和动机。

五、尊崇自己的内在生活。

六、拓展你的直观技巧。

其他工作坊涉及的课题包括培育孩子内在生活、提升孩子的文学能力、面对初中学生的特殊挑战，以及课程设计。

教师培训

生命教育基金会每年夏天都会举办研讨会。参与者将有机会以学生身份在课堂中直接体验生命教育，同时学习如何在任何教学情境中实施这套整体教学法。无论是私立或公立学校的教师、童子军领队、环境教育者、成人教育者、接受传统教师培训的学员，以及在家教育的父母都会发现这套课程让他们受益匪浅。

我们永远有兴趣和已经将这些价值纳入其任教学校之体制的教育人士，互通音信。请和我们联系，提供你的经验和收获。

生命教育基金会：

14618 Tyler – Foote Road

Nevada City，CA 95959

(916) 478 – 7640

E – mail：Ananda school@ef1. org

网址：http：//www. elf. org